家有难管难教娃

坐不住的孩子

多动症孩子家校共育指南

陈默 苏俊华 陈苇真 / 编著

湖南教育出版社
· 长沙 ·

图书在版编目（CIP）数据

坐不住的孩子：多动症孩子家校共育指南 / 陈默，苏俊华，陈苇真编著.—长沙：湖南教育出版社，2024.6

ISBN 978-7-5754-0102-9

Ⅰ. ①坐… Ⅱ. ①陈… ②苏… ③陈… Ⅲ. ①儿童多动症－儿童教育－特殊教育－家庭教育 Ⅳ. ①G782 ②G766

中国国家版本馆CIP数据核字（2024）第071580号

ZUO BU ZHU DE HAIZI: DUODONGZHENG HAIZI JIA-XIAO GONGYU ZHINAN

坐不住的孩子：多动症孩子家校共育指南

出 版 人：刘新民
策划编辑：陈慧娜
责任编辑：陈逸昕
封面设计：宋祥瑜
出版发行：湖南教育出版社（长沙市韶山北路 443 号）
电子邮箱：hnjycbs@sina.com
网　　址：www.jiaxiaoclass.com
微 信 号：家校共育网
客服电话：0731-85486979
经　　销：全国新华书店
印　　刷：湖南省众鑫印务有限公司
开　　本：710 mm × 1000 mm　1/16
印　　张：9.5
字　　数：108 000
版　　次：2024 年 6 月第 1 版
印　　次：2024 年 6 月第 1 次印刷
书　　号：ISBN 978-7-5754-0102-9
定　　价：39.80 元

推荐序

常言道：儿童是祖国的未来，儿童也是家庭的希望。

儿童期在一个人的整个生命周期中占有极其重要的位置。一个人，无论是生长发育、心理发展，还是早期教育以及长大成才，都依赖于儿童期的顺利度过和有序发展。

常见于儿童期的心理问题是家长在育儿过程中较为头疼的事情，常常使家长手足无措，难以应对。同时在众说纷纭、真假难辨的海量信息中家长又难以找到合适的育儿策略和方法，由此给家长带来更多的困惑。

由陈默老师等编写的“家有难管难教娃”系列丛书包括《坐不住的孩子》《说不听的孩子》《学不好的孩子》以及《管不住的孩子》，系统地描述了儿童早期异常的心理发育问题，内容既简单明了又全面详细。书中精准的文字描述，配上生动活泼的插图漫画，图文并茂地为广大家长呈现出儿童期这些异常心理问题的本质、成因、主要特征、对孩子的危害、干预方法和治疗建议等。丛书文字简洁明了，内容详而不赘，形式活泼生动，且携带方便，便于随时阅读。

《坐不住的孩子》主要描述了多动症儿童的基本特征，在不同年龄和情景下多动症儿童的困难和可能给他人带来的困扰，给家长和老师提供了积极而有效的应对方法。

《说不听的孩子》则是对有社交活动异常，也就是患有阿斯伯格综合征的一类特殊儿童的介绍。阿斯伯格综合征现已经并入自闭症谱系。虽然这一类孩子看似没有语言问题，却不能进行恰当的交流，他们的一些行为总让人不能理解和接受。同样地，在书中也给出了积极的应对方法和良好的专业建议。

《学不好的孩子》针对一些在学校里备受挫折的孩子，他们智商没有问题，却怎么也学不好，这背后到底是什么原因？而做家长的到底该如何来帮助他们？学校又能做些什么来为总是学不好的孩子提供教育机会？本书将带给您答案。

《管不住的孩子》从行为问题的角度，阐述了有对立违抗性障碍的儿童的行为表现，书中的支招或许是家长们最想了解的内容。

总之，希望阅读该丛书的读者，无论您是家长、老师、学生、研究者，抑或是对儿童心理健康感兴趣者，都可以从中获益。

是为序。

杜亚松

主任医师、教授

上海交通大学医学院附属精神卫生中心

2024 年 4 月 23 日于上海

序　言

近些年，我去小学被问到最多的问题是，有些孩子特别难管难教，给学校教学管理造成很大的困扰，老师们如果不了解他们问题的成因又缺乏干预的方法，就只能找家长反馈。而家长看不见孩子在学校的适应情形，对自己孩子何以如此不堪也是一无所知，因此容易与学校产生矛盾。为此，家校双方都苦不堪言，有的老师甚至因为管不了这类孩子萌生了离职的念头，也有些家长觉得自己的孩子彻底教不好了，计划着生二孩。

虽然难管难教的孩子只有极少数，但对一个班级来说，只要有一两个特殊的孩子就有可能干扰到整个班级的秩序。

这些难管难教的孩子到底是怎么回事？他们究竟出了什么问题？在现有的条件下我们可以给他们提供什么帮助？怎么能更有效地管理这类孩子？怎样可以使他们在自身现有的条件下发展达到最佳？我们想要告诉老师和家长的是：这是不能再等等看的事了。

为此各班人马劲往一处使：湖南教育出版社长期扎根于教育类图书的出版，致力于为儿童青少年的健康成长服务；一位作者陈苇真在一线机构从事特殊孩子的训练矫正工作；另一位作者苏俊华做过特殊儿童的影子老师，并一直在做儿童青少年的心理咨询工作；而我本人，近 30 年来一直从事儿童青少年的心理咨询工作，接触了大量特殊孩子的案例。在四方协作下，我们坚持用一年多的时间完成了这套书的写作及插图编辑工作。

鉴于目前人们的快节奏生活，我们一致决定此书以短平快的形式呈现。我们对很多知识点进行了图解，并且配上大量插图，以便于读者更轻松地阅读和理解，也便于平日里随手翻阅。全套书由四册组成，每一册图书集中讲述一种类型的孩子，读者既可根据自身需要选择单册阅读，也可选择全套通读，总之一切以读书便利为计。

这是一套倾注了一个小团队共同努力的书，现在，它终于和读者见面了。我们希望通过这套书，为教育工作者、家长以及其他关心特殊儿童青少年成长的读者提供实用的指导和帮助。

我们始终相信，每一个孩子都是一颗独特的种子，只要给予适当的关爱和引导，都能开出自己的花。

陈　默

2024 年 3 月

我们的咨询室外间，是一个备有沙发和茶点供来访者等候、休息的地方，这里布置得轻松惬意，目的是想让陪孩子来做咨询的家长在等待的时间里感到舒服一些。而这个空间承载最多的是家长的焦虑，甚至这种感受比在咨询室里还浓烈，还急切。

最常听到的是家长急切的问话：“老师，我们可怎么办啊？”“老师，你一定要帮帮我们！”他们的孩子被贴上了“难管教”的标签，被学校要求，或因家长束手无策而带来咨询室。而有趣的反差是，这些孩子却较少有愁眉苦脸的，有的一进来就东张西望，看到有趣的东西比如沙盘室的设备，都按捺不住想要试试；有的任父母软硬兼施，始终一副沉浸在自我世界的表情。与他们的“淡定”形成鲜明对比的是父母备受折磨的神情，几乎看不到一张笑脸。这些孩子的“特殊性”，让他们的父母感到精疲力尽却又不知所措。就像一个人走进了一个迷宫，却怎么也找不到出口。

很多家长流露出的就是这种无助的感觉，因为心中始终存在一个大大的疑问：我家孩子手好脚好，人其实也不笨的，为什么他就是会表现得那么“与众不同”？家长因为关注自己孩子比较多，横向对比比较少，往往是从学校老师那里得到反馈，了解到自己孩子与其他孩子之间的差异。注意力不集中、情绪很难控制、某一门课怎么教都很难跟上进度……这些在学校的问题表现，一开始并没有引起家长的重视，他们认为孩子只是不懂事、不听话、不努力，而那些惯用的管教方式一通试下来，却发现问题非但没有解决，甚至很可能把亲子关系都推到糟糕的境地。而学校之外，也没听说过什么“灵丹妙药”可以一招制胜。那家里这个不太听话、“难管难教”的孩子到底出了什么问题呢？

您翻开的第一册书，我们先来讲一讲，目前在适龄儿童中，比例非常高的注意缺陷多动障碍（ADHD），也就是我们俗称的“多动症”。

我们会通过对多动症症状的全面解析展开介绍，也许在第一章里会出现比较多的术语，没有心理学背景的家长也不用担心，这些都是铺垫，目的是让我们以更科学的角度去了解这个问题。之后我们会分家长、学校和机构三个板块，更接地气地向您介绍如何来应对家里这个“难管难教”的宝贝孩子，以帮助他更好地成长。

目　录

第1章

认识多动症

ADHD

什么是多动症?

ADHD，是国际通用的“注意缺陷多动障碍（Attention Deficit Hyperactivity Disorder)”的首字母缩写，国内简称“多动症”，是一种神经发育障碍，也是儿童期最常见的行为障碍，对患者可产生持久甚至终生影响。

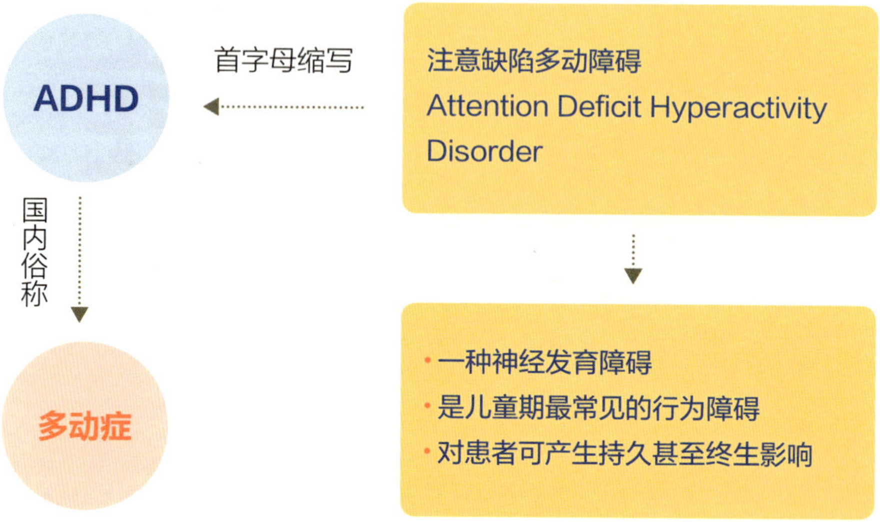

目前我国儿童 ADHD 总体患病率约为 5.7%，估计患儿达 2000 多万，并且这个数据始终以不太乐观的态势往上增长着。

我们在临床上的诊断，会使用美国精神医学学会（American Psychiatric Association，简称 APA）出版的《精神障碍诊断与统计手册》（*Diagnostic and Statistical Manual of Mental Disorders*，简称 DSM）。它的第五版，即最新版本（DSM-5）中，指出 ADHD 是儿童常见的神经发育障碍，常起病于 12 岁前（多发在 3 岁左右）。其中男孩发病率远高于女孩，大约是 6 ： 1 。

《精神障碍诊断与统计手册》

不少家长会认为：ADHD 的诊断缺乏“客观”实验室指标。带孩子去医院看病时，做诊断也主要依赖于家长对孩子情况的描述和行为评估，因此家长会对医生的专业诊断存有疑虑，尤其对于服药更有顾虑。事实上这种想法往往会影响孩子接受进一步的干预。

为了让家长更好地理解多动症的诊断，下面就把 DSM-5 的内容解读一下，没有心理学基础的家长可能会觉得要理解这些内容有点困难，但是我们尽量会加入一些举例说明以便大家理解。

温馨小提示

作为家长，您的任务并不是要给孩子下诊断，而是首先能明白 ADHD 的诊断是具有科学性和专业性的，然后可以对照看一下，最终还是以相关医院的诊断为准。

DSM-5 给出的诊断标准分两大部分

注意障碍

多动与冲动

※ 因为此诊断不仅针对儿童青少年，也包括了成年人，所以内容上更广泛一点，为还原原始的条款，这里并未刻意删除成年人的部分。

第一部分 注意障碍

在以下罗列的症状中，至少要有 6 项及以上符合，持续时间至少 6 个月，而且这些症状到了与发育水平不相称的程度，并直接对社会适应和学业 / 职业造成了负面的影响。

□ 经常不能关注细节，在学习、工作或其他活动中难以在细节上集中注意力，或犯粗心大意的错误

举例 对细节的敏感度是非常低的，经常忽视或遗漏，写作业的时候不写单位，忘记答句，或者抄题也抄错等

□ 在任务或游戏中，经常难以维持注意力

举例	在听课时坐不住，在对话中常常走神，无法进行长时间的阅读

□ 当别人与其直接对话时，经常看起来没有在听

举例	即使在没有任何干扰的情况下，表现出来的样子总是心不在焉的，以至于对方无法确认自己讲的话是否被听到

□ 经常不遵照指示，导致无法完成作业、家务及工作中的职责

举例 就算已经开始了任务，但很快就失去了注意力，容易分神

□ 经常难以组织任务和活动

举例 难以有条理地管理任务，难以把材料或物品摆放整齐，经常处于凌乱的环境中；工作没有头绪，不良的时间管理能力，不能遵守截止日期

□ 经常回避、厌恶或不情愿从事那些需要精神上持续努力的任务

举例 常常不交甚至不做学校作业或家庭作业，对于年龄较大的青少年和成人，则很难准备报告、完成表格或阅读冗长的文章

□ 经常丢失任务或活动所需的物品

举例 常常丢失学校里使用的资料、文具用品、钥匙、钱包、手机、文件、眼镜等

□ 经常容易被外界刺激导致分神

举例 对于年龄较大的青少年和成人，这种刺激可能还包括一些不相关的想法

□ 经常在日常活动中忘记事情

举例 比如计划过的需要做的家务、需外出办的事，常被遗忘；对于年龄较大的青少年和成人，则表现为忘记回电话、付账单、赴约等

第二部分 多动与冲动

在以下罗列的症状中，17 岁以下的孩子至少要有 6 项及以上符合，持续时间至少 6 个月，而且这些症状到了与发育水平不相称的程度，并直接对社会适应和学业 / 职业造成了负面的影响。对于 17 岁以上的青少年和成人，则需要满足以下 5 项。

□ 经常手和脚动个不停，或在座位上扭动

□ 经常在应该坐着的时候离开座位

□经常在一些场合中不适宜地跑来跑去、爬上爬下（对于青少年和成人，只是有坐立不安的主观感受）

□经常很难安静地参加游戏或活动

□经常“忙个不停”，身体犹如被马达驱动一样

□经常讲话过多、喋喋不休

□经常在提问还未讲完之前，就把答案脱口而出（如接别人的话，不能等待交谈顺序）

□经常难以耐心等候（例如排队等待）

□经常打断或干扰他人（例如插入别人的对话、游戏或活动；未经他人允许使用他人东西；对于青少年和成人，可能是干扰或打断他人正在做的事情）

温馨小提示

值得家长注意的一点是，大多ADHD的症状会持续到青春期（70%），乃至成年期（30%）。所以我们要打消那些“孩子长大一点后就自然会好转”的自我安慰念头，以更科学专业的视角来对待孩子的问题。

如果我们不希望看到孩子在未来面对学业、职业和社会生活等方面时，都还是会因为ADHD的症状而产生消极影响，我们就应该尽早地发现孩子这方面的问题，并积极地应对。

发育障碍问题，始终是越早发现、越早干预越有效的。

从上面的诊断依据看，我们已经能够明白被缩略为“多动症”的 ADHD 是由“注意缺陷”和“多动 - 冲动”两组症候群组成的。而如果在临床上诊断，我们又会把它分出三种不同的症状组合，不同组合的表现有所不同。

（一）	（二）	（三）
既有注意缺陷，又有多动-冲动的组合	主要表现为注意缺陷的症状	主要表现为多动-冲动的症状

家长如果带孩子去医院做过诊断的，在诊断书上往往还能看到对症状严重程度的评定。DSM-5 将 ADHD 从疾病严重程度上分为了三种情况：

轻度 症状少于或稍微超过诊断所需要的条目数（上文提到过 6 条），学校和社会功能没有或仅有轻微受损的情况。

我们举个例子来说明一下。

有一个孩子叫小铁，他 8 岁，经常丢三落四，做事情的时候头脑中是没有计划的，做到哪里是哪里。学校的老师也反映：小铁上课的时候常常听不到指令，老师在课堂上布置下来的事情，他很难落实，

家庭作业的错误率很高；在参与集体活动的时候，比如要排队、一起做广播操这类的事情，他总是表现得很差；而在与小朋友相处的时候会显得比较幼稚，常常被别的孩子边缘化。

中度　症状和损害介于轻度和重度之间。

我们一样也举个例子来说明一下。

这个孩子叫小袁，也是8岁。他的问题是上课的时候不听老师讲课，身体还喜欢动来动去，经常就是看似无意识地左右扭动，或者一会儿伸长脖子，一会儿又弯腰下去捡东西。上课不听讲，作业就不能完成，导致他的考试成绩很差。他平时与小朋友相处也会有些问题，比如他会表现得没有耐心，别人在说话时也要插嘴，还喜欢抢别人的东西，行为明显比同龄孩子幼稚。在班级集体活动时，常常捣乱，要么就做惹得大家哄堂大笑的糗事儿，老师劝说他也不听。

重度 症状明显超过诊断所需要的条目数，学校、家庭和同伴关系等社会功能有明显而广泛的损害。

我们再来举个例子说明一下。

这个有重度症状的孩子叫小马，也是8岁。他看起来像从来不会听别人讲话，所以对他用言语上的管教是非常困难的。上课的时候，他会独自玩自己的玩具。因为几乎不听课，他的学习成绩是班级倒数第一。而且他的个人卫生做得很差，身上不知道怎么总是弄得脏脏的，鼻涕流下来也想不起来用纸巾擦一下。与同学在一起的时候，会打人、推人，如果老师批评他，就会躺在地上撒泼，大喊大叫。因为总是与别人不合拍，太容易就“出挑”了，以致小马无法正常参与班级集体活动。他的情绪表达也会比较幼稚，兴奋起来像3岁的孩子，原地直跳。因为注意力不集中，他无法从头至尾完成一项学习或游戏任务。

接下来我们再给大家提供一份 ADHD 简明自测量表（改编自台湾师范大学《ADHD 学生的教育与辅导》），大家可以对照评估。

编号	描述	总是如此	经常如此	很少如此	从不如此
1	很难注意细节，在学校布置的作业、活动上会因粗心而犯错				
2	无法在作业、游戏或一件事上持续保持注意力太久				
3	表现得根本没在意别人说话的样子				
4	无法遵循指示，或是完成学校作业与其他指定的工作，但并不是故意反抗或听不懂指示而无法完成的情况				
5	没有秩序感，即使在帮助下，也很难把事情或活动处理得有条有理				
6	对需要持续花心力的活动，会表现出逃避或强烈的抗拒				
7	遗失（或遗忘）一些重要的东西（如作业、书本、文具或活动所需要的东西）				
8	容易被外界的刺激所干扰而分心，哪怕非常小的一点干扰都会导致任务最终无法完成				
9	似乎在面对面的交谈中也很难集中注意力				
10	出门时经常忘记带日常生活用品				

续表

编号	描述	总是如此	经常如此	很少如此	从不如此
11	手或脚动个不停，或在椅子上坐不住（身体动个不停）				
12	在教室或其他需要坐在固定座位上的地方，仍会擅自离开座位				
13	表现出当时情境所不允许的到处乱跑或乱爬等行为（如果是青少年，可能的表现是他个人主观的感觉，自己静不下来）				
14	无法安静地参与一项游戏或休闲活动				
15	在其实没什么内容可说的情况下，也会说个不停				
16	像装有马达或机器驱动似的，整个人无法静下来				
17	在别人的问题还未说完前，就把答案脱口而出				
18	无法耐心排队等待				
19	干扰或打断别人的谈话或活动				
20	往往在进入下一个活动之前，还未能完成前一个活动的内容				

计分说明

症状评估：

（一）不专注（注意力缺陷）

1～10 题中至少 6 项被评估在“经常如此”“总是如此”，且问题持续 6 个月以上。

（二）过动、冲动

11～20 题中至少 6 项被评估在“经常如此”“总是如此”，且问题持续 6 个月以上。

温馨小提示

此简明自测量表，只是为了帮助家长初步识别孩子的问题。不能单凭此表进行医学诊断，还需排除其他共病问题。当您完成了此表，请勿轻易给孩子下结论，仍需要与专业的医生预约诊断。

额外需要关注的迹象

因为 ADHD 多发于学龄前儿童身上，而事实上这个阶段的孩子处于一个身心快速发展的阶段，他们对世界充满好奇，乐于探索，所以在考虑诊断多动症时，我们要非常明确孩子的行为是否符合其年龄发展阶段的特征。

美国马里兰州神经心理学专家马克·马洪（Mark Mahone）博士，建议学龄前儿童的父母可以更加细致地观察孩子的行为，从中寻找这些额外的多动症迹象：

更加细致地观察孩子的行为，从中寻找这些额外的多动症迹象

- 经常对玩伴咄咄逼人
- 到 4 岁时不能单脚跳跃
- 参与活动片刻后失去兴趣
- 在被告知不要这样做时因跑开或以其他方式移动而受伤

美国辛辛那提儿童医院医学中心儿科医生汤雅·E. 弗勒利希（Tonya E. Froehlich）博士则对判断学龄前儿童是否出现多动症的迹象给出了以下

提示：

• 关注孩子在幼儿园或日托中心的行为所受到的任何评论；

• 您的孩子能够在不分心的情况下遵循一两步指示（例如挂上外套并收起鞋子）；

• 您的孩子在日常规定作息和其他团体活动方面有困难；

• 您是否因为孩子的行为而避免将他带到公共场所，甚至是那些对家庭友好的场合。

以上是专家为家庭提供的一些 ADHD 的额外迹象，在孩子基本符合前面所罗列的症状时，这些才有必要被作为附加症状考察。

非典型性的ADHD

需要说明的一点：注意力不集中、多动冲动，是临床上很多儿童发育发展问题中的“共病症状”，几乎占80%。也就是说情绪问题、学习困难等很多其他问题，都会多少表现出ADHD的一些核心症状。台湾大学医学院心理卫生中心的宋维村主任曾表示，以多动为诊断特征的青少年儿童问题起码有30种以上，所以家长和老师还是不能因孩子好动就给孩子下结论。如果对孩子有这方面的怀疑，应当带着孩子，一起去当地儿童医院儿保门诊、精神卫生中心、青少年儿童心理门诊中心就诊，得到诊断后，如果有条件可以再找另一家医院复诊。因为目前无纯客观诊断手段，与医生经验有相当关联。

下面也特别提出几种非常容易与真正的ADHD混淆的儿童发育问题。

DSM的诊断说明中提到，特别首先要排除精神分裂、情感性疾病或重度智力不足等因素造成的多动问题。

波珀在1991年也指出，有些孩子的表现看起来和ADHD非常相似，而且也会出现ADHD的三项核心症状中的一项或两项，但如果更加仔细地观察并诊断，会发现他们的问题并不是单纯的ADHD。波珀称这种症状为非典型性类似注意力缺陷症（add-like disorder），也有称之为“假性多动症”的。

临床上比较常见的可能产生非典型性类似注意力缺陷症的问题还是不少的，比如说有抑郁症、压力下的焦虑状态，或者生理因素造成的焦虑症、抽动障碍、智能障碍、发育迟缓、自闭症，曾被虐待或被忽视而导致的人格发展受损、精神分裂等；另外还有一些长期服用某些药物的学龄儿童，比如抗癫痫、抗哮喘的药物，也可能产生类似注意力缺陷症中多动的症状。所以，在做诊断的时候，还是要经过专业的辨析，综合评定。

另外，来就诊的儿童中，甚至有半数以上的，只是属于“一般的多动行为”，这类问题的产生往往是因为个人与所处的环境不能适应而造成的。心理学家也发现，注意力集中或安静专注的表现也会受到环境或其他外在因素的干扰。所以我们单凭孩子的个人外在表现，就判定其是“多动症”是非常不科学的。

第2章

你可能不了解的ADHD

ADHD病因

目前国际上并未能对ADHD的确切成因有所定论，它是一种复杂的多基因遗传倾向的疾病，同时它受到多种自然和社会环境的影响。但可以比较确定的研究结论是：ADHD是大脑发育中产生的某种异常所导致的。

国际上已经有比较明确的结果指出，ADHD患者大脑分泌的多巴胺和肾上腺素量相较于一般人偏低。多巴胺是什么？它是一种神经传导物质，用来帮助细胞传送脉冲的化学物质，它会传递兴奋及开心的信息。那肾上腺素又是什么？简单来说，它是人体自我分泌出的一种激素，当人体产生更强烈的情绪时，比如兴奋、恐惧、紧张等，我们的肾上腺素就会分泌出化学物质，让人呼吸加快、心跳与血液的流动速度也会加快。如果你了解了多巴胺和肾上

腺素的作用，就能明白为什么 ADHD 的患者会因为这两项激素分泌较低导致对进入大脑中的信息的有效筛选能力不足，进而造成注意力无法集中，也缺乏行为控制的能力，最终产生多动及冲动的症状。

另外，在 ADHD 研究领域中颇具权威的专家巴克利（Russell A. Barkley）教授，曾指出 ADHD 群体前额叶发育比正常人慢 30%。而前额叶是执行功能的生理基础，执行功能是 ADHD 的核心认知缺陷。

巴克利很明确地指出："我们人的自我调控能力是具有遗传特性的，自我调控能力的高低不是由教养决定，很大程度是由遗传决定的。"

从现有的研究来看，ADHD 还真是"天生"的异常发育症状，所以当你再次被孩子的多动症状所困扰的时候，至少不会再错误地认为是孩子故意为之。这个未解之谜，仍需要全世界的科研人员继续深入去解开。

ADHD现状

据2016年的一项全美调查发现，美国9.4%的儿童曾被诊断为ADHD，其中2.4%为2～5岁儿童。这个数据是非常惊人的，相当于近十分之一的孩子都会有ADHD的困扰。

其中男童患病比例约为女童患病比例的3倍，但其中有一个重要的因素需要家长引起注意，就是患有ADHD的男童大多以冲动及多动表现其症状，他们往往因为显性的症状表现而“出挑”，但患有ADHD的女童更多表现为注意力不集中型，并不像男童那样的显性，因此比较容易被老师和家长忽略，耽误就医。

事实上，根据当前ADHD患病率与性别比例的信息做个估算的话，全球应该存在不少于3200万的女性ADHD患者，而真正确诊并接受治疗的女性却是极少数。这类确诊女性往往是30岁以上成为妈妈的一类人，当她们带着孩子来医院确诊了ADHD后，才发现自己其实也有相似的症状。因为女性在青春期及成年期，如果表现出了ADHD的症状，通常会被直接认为是她情绪化的表现，甚至直接被判定为抑郁症或者焦虑症。

温馨小提示

不要让“看起来并不多动”的女童被无视或误诊，她们也一样需要帮助。

ADHD在不同年龄阶段的表现

ADHD 在不同的年龄阶段，会表现出一些特定的行为特性。接下来我们针对 ADHD 不同年龄阶段的特性，进行了一些粗略的整理，但要说明的是，年龄并不是一个严格的界限，仅作参考。

幼儿期
3 岁以前

这个阶段的孩子还在离开母体后的迅速发育过程中，生命最初三年的主要任务就是吃和睡，在这个阶段，观察孩子是否容易建立起一定规律的作息是很重要的提示。总体来讲，ADHD 的宝宝基本都是“难带的娃”。

- □ 有些母亲回忆起，孩子在胎动期间就比较活跃
- □ 吃奶时不太会吸吮或容易在吃奶的过程中哭闹，需要以少量多餐的方式喂奶
- □ 睡眠时间非常短，即使入睡也常醒来
- □ 常常哭闹或感到烦躁，会有坐立不安的感觉
- □ 过度地吸吮手指或撞头，往前后方向摇摆身体

□ 等到会爬行时，不断地四处乱爬

□ 对障碍物不懂得规避

□ 日常生活非常不规律，如睡眠与吃奶时间不定等

□ 大小便训练非常困难

学龄前 3～6岁

这个阶段的孩子开始慢慢地建立自己的情绪体验，开始拓展自主运动的半径，这时候的主要观察点包括孩子日常作息的规律养成及活动中的表现。有时在没有特别原因的情况下，ADHD 的孩子会有非常愤怒的倾向。

□ 部分 ADHD 儿童具有高攻击性

□ 较难完成有结构性或有目标的活动，如涂颜色、画图、游戏等

□ 虽然大运动发展正常（如跑步），但在语言能力、画图、使用

剪刀等需要协调性的活动上，落后于同龄儿童

□ 持续的睡眠问题（睡眠中时常醒来，不规则的睡眠习惯）

□ 整体来说活动量很大，不太喜欢听从爸爸妈妈或老师的话

□ 注意力集中时间比其他儿童短，而且容易散漫

□ 常常因为盲目的玩耍方式或行为而容易受伤

□ 经常收到老师“很不好管”“行为上有问题”等类似的评语

□ 与同年龄层或兄弟姊妹之间，打架次数频繁

□ 对于与其他小朋友同享玩具或依照顺序等待的活动感到困难，常常会擅自去抢别人的东西

学龄期
6 ~ 12 岁

这个阶段的孩子因为自己的表现和其他孩子不同，还有了学习成绩上的差异，会带来一些压力。这个阶段的观察重点，就在孩子规则感的建立以及学习习惯的养成上。另外，这阶段的孩子在适应不同的外在环境时的表现也是非常值得重视的。

□上体育课时，常因为不遵守顺序或不听从指示，表现散漫而被责备

□在教室里无法安静坐在座位上，即使是上课，也会到处走动

□喜欢摇晃椅子，有时候甚至会从椅子上掉下来

□注意力集中时间短，无法专注于课业或在规定时间内完成作业

□自我整理和打理能力差，常会出现脏乱的现象

□语言方面也具有冲动性，容易抢着说话，喜欢不停地吵闹

□受到压力时，会更加无法掌控或抑制其行为，多动现象更加严重

□会因上述这些现象而渐渐失去自信

□老师的评语中常出现“偷懒”“爱幻想”“行为有问题”等

□经常说出不切实际的答案，有时无法形容事情的来龙去脉

□即使在监督与指导下也会出现类似问题

青少年
12 ~ 18 岁

这个阶段的孩子，已经经历过较长时间的“与众不同”，也承受了一些积累的压力，包括学业上的压力、长辈的不理解、同辈的轻视等。而青少年成长到这个阶段，本身还有青春期的议题需要自我协调，所以此期间的问题会比较凸显，甚至表现得更加激烈。孩子因长期对环境的不适应与经历挫折，容易失去自信，感到自卑。

- □ 缺乏社会性技巧，在交友方面感到困难
- □ 若课业内容难度已提高至相当的水准，无法跟上学习进度，成绩逐渐下滑
- □ 缺乏解决课业以外问题的行为技巧
- □ 缺乏组织能力，无法做好整理、整顿的工作，生活环境比较脏乱
- □ 容易与他人产生冲突或打架，出现暴力倾向，甚至会有旷课的倾向

成年期

虽然这是本写给家长的书，但事实上，ADHD 并不因为年龄的增长而自然消失，有相当一部分的成年人终生伴有症状。只是成年人的生存技巧，使问题的根源被隐藏了，我们看到的可能是更加负面的表现。

- □ 学历整体相较于同龄人会偏低一些
- □ 社会性技巧不够圆滑，朋友很少
- □ 常与配偶吵架，离婚率高
- □ 比较容易缺乏自信，常常感到不安
- □ 无法镇定、持续出现与注意力集中时间短的相关问题
- □ 容易滥用酒精及药物
- □ 说谎或盗窃的行为很频繁
- □ 不知道如何管理金钱（冲动性购买、过度消费、欠债）
- □ 仅有 30% ~ 40% 的 ADHD 成人患者能完全适应日常生活的作息

家有ADHD娃

“多动症”这个翻译名，大家如果对照 ADHD 四个英文字母组成的名字，就能知道其实它简化掉了部分的内容，真正的字面直译，应该叫“注意缺陷多动障碍”。看“多动症”这个名字，往往大家会认为 ADHD 的孩子必然就是浑身动个不停的主儿，上课没法安静地听讲，事实上这是一个认识上的误区。

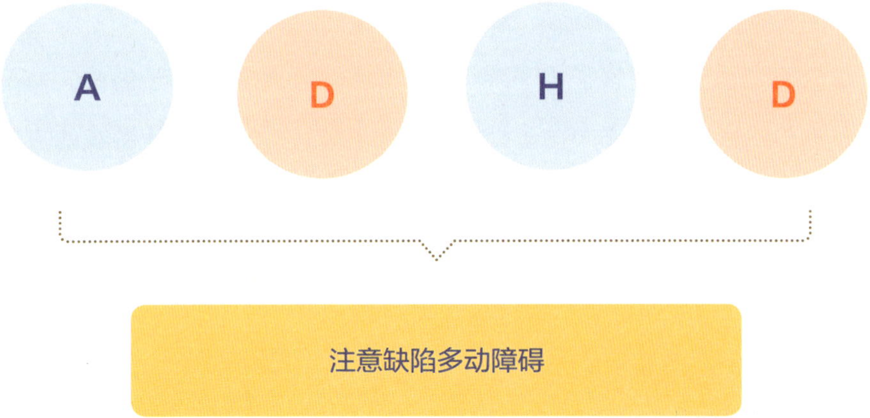

ADHD 儿童的“多动”，并非特指其活动量较正常儿童多。国外研究者用摄像机记录了一组 ADHD 儿童和正常儿童在较长一段时间内的活动情况，包括在运动场、教室、食堂、做游戏和走路时等。结果发现 ADHD 儿童的活动量并不比正常儿童多。只是由于 ADHD 儿童的活动无明确的目的性、不分时间场合、频繁改变活动内容，因而给人留下“多动”的感觉。

“我家孩子只要打游戏也能集中注意力蛮长时间。”

我们先来理解一下，什么是注意力？注意力（Attention）是指人的心理活动指向和集中于某种事物的能力，是伴随着感知觉、记忆、思维、想象等心理过程的一种共同的心理特征。

我们知道 ADHD 的孩子，脑部前额叶部分发育偏缓，导致了注意力的控制能力较弱。而从另一个角度来讲，人的大脑始终在寻找一种平衡，如果自主控制能力偏弱的话，大脑就会寻求外界的帮助，让注意力尽量地延长。而这种机制往往需要实时的激励，来刺激大脑保持注意力。

这样我们也就能理解了电子游戏为什么能牢牢地抓住孩子的心。似乎我们也从来没有听说过有哪个孩子打游戏时会开小差，因为设计游戏的人都是最擅长使用激励机制的人，而且游戏的画面每一秒都在变化中，可以理解为是一个持续在变换的画面，所以打游戏恰恰成为“最能吸引注意力”的一项活动。

· 如果你的孩子是在打游戏的时候能集中注意力，这并不代表他有**自主控制**注意力的能力。

“我们家孩子似乎就是比较幼稚一点。”

小天已经是个小学三年级的小学生了，但是他看起来就是比同龄人更加幼稚一点，这可不是指他看起来比同班同学矮小，恰恰他的个子比别人还要更高一点，但是，他的行为看起来和同龄人格格不入。比如课间的时候，他会坐在椅子上津津有味地咬着铅笔头，有时候似乎完全沉浸在自己的世界里，与外界隔绝；而有的时候，他又会被很小的事情突然间逗得哈哈大笑，引来旁边同学侧目。

同学们似乎和他玩不到一起，比如大家都在聊一个游戏，他会不管三七二十一突然就发表自己的看法，被打断的同学往往会觉得他的插嘴插得莫名其妙，根本就是直接“把天聊死”。关键的是，小天自己还未必能意识到这点，他的介入和离开都是那样的“自我”，想插嘴进来就说几句，别人回不回应无所谓；而他想离开这个话题或这些同学，也是分分钟的事情，说走就走了。

小天的这些“不协调”，让他的行为看起来就像一个幼儿园大班的孩子。

·所以，“幼稚”不等于天真无邪，而是缺失和社会环境相适应的能力。ADHD 的孩子往往会因为与周遭环境不能很好地匹配，而显得比实际年龄更加幼稚。

“我们家孩子就是做起事情来毛手毛脚。”

小浩是家里的“破坏王”，他从小就没少因为毛手毛脚损坏家里的东西而挨打。但是他似乎挨打也长不出记性。上学以后，他被同学告状的次数也多了起来，比如他总是“不小心”就把同桌的铅笔盒弄到地上去了，一个上午要捡好几次，里面的笔也总是被摔断笔头，老要重新削笔。小浩每次倒也会道歉，帮忙捡拾，但是同桌的铅笔盒总是逃不掉会被他碰到地上去的命运。小浩还有几次上课的时候玩圆规，在纸上玩得没劲了，就用圆规的尖头刻桌面，在桌面上刻出很多很深的划痕，结果做考卷的时候，得找块大垫板垫住才能写字，不然根本没法在考卷上写平整字。

学校老师也不是很敢给小浩派任务，虽然每次有任务的时候，小浩也是非常积极地举手想要为大家服务，但是他光有满腔热情，做事老是会出错，而且特马虎，让他抄写班级成绩单，结果好几次都把学号写错了。而有的时候，老师都还没把具体的要求交代完，小浩又凭着自己的想象，抢先把事情给做了，结果老师还得按照要求重新做，反而浪费了时间。

另外，小浩的毛手毛脚，不仅体现在做事情的时候常常搞砸，他也是个缺乏自我保护意识的孩子。从小到大，走路永远不会认真看路，磕着碰着是常事，而且对一些常识性的危险缺少辨识能力，往往会做一些让人看了感觉很危险的动作。

·所以，“毛手毛脚”不是简单的粗心问题，是对环境的感知能力、判断能力弱，加上协调性差，就会经常出现这样的问题。

> “我们家孩子就是怎么学都考不好。”

ADHD 的孩子在学业上总是会遇到困难，因为我们目前的教育形式，是以班级为单位的集体教育模式。授课是以需要更多注意力控制的讲授形式进行，包括考试也是限定时间内的书面形式，这些都是对 ADHD 孩子“并不友好”的地方。

但是，有非常明确的研究结果提示，ADHD 孩子的智力发展水平，并不与某些部位的脑神经发育水平相关，所以这些孩子的智商基本都是正常的。他们在比较小的年龄阶段，有些时候往往因为爱抢答的行为特征，会被认为“特别聪明”，但这部分的研究并没有揭示其相关性。如果观察这些抢答行为，会发现它们往往并不是更快的思考后的结果。

所以 ADHD 的孩子在学业要求逐渐增高的环境中，在学习上的困难会越来越凸显。一些需要记忆和背诵的内容他们比较难完成。因为在课堂上，跟随老师的讲授有困难，知识点就会被遗漏，也无法举一反三。这往往体现在，如果单独再次就某个知识点进行讲解，孩子是能够理解的，因为这本身不是智商的问题，所以老师和家长往往会认为是孩子的学习态度有问题。

试想一下，这将是一个孩子从开始学习没多久以后，就会被扣上的“大帽子”，在他们还没能真正体会到学习本身的乐趣时，自己还没能使上劲儿，就被认为不会学习，而且还被冠以态度问题。这样的孩子可能真的无法理解怎样才是“好的学习态度”，因为那些是他至少暂时还做不到的。

而那些需要重复的作业，比如抄写、誊写，甚至被罚写多少遍，对 ADHD

的孩子来说都像噩梦一样。这样的惩罚，可能针对的不只是孩子，还有盯孩子写作业的家长，因为这必将换来孩子更多的“反抗”，以及更加难以平复的情绪状态。

关于学习的问题，我们将在后面的章节中具体展开讲。

> “我们家孩子的情绪就像过山车。”

前面提到过 ADHD 的孩子显得比同龄孩子幼稚，在情绪控制方面也是如此。我们说人越成熟，就越能够控制自己的情绪，“这个人像个小孩一样”，往往就意味着他控制不了自己的情绪，像个孩子一样想哭就哭，想笑就笑，而且切换得很快。ADHD 的孩子的情绪控制能力明显比同龄孩子要差。就像小学二年级的小星，她是个比较敏感的女生，在学校里有个绰号叫“碰哭精”，同学们觉得她一碰到点儿事，就会着急得哭起来，有时候一天得哭上好几回。但是你说她像“林妹妹”吗？似乎她又不是真的多愁善感。

ADHD 的孩子其实比普通的孩子更多地遭遇挫折感，他们因为控制注意力的能力弱，往往在解决问题的时候，会遇到技能缺乏、策略不够等实际困难，而自己的言行和其他同学不太一样，无形中也承受了更多的压力。他们的作业、考试总是要比别人差一点，总是要被家长督促，总是要被老师批评，不能带给他们成就感。面对这些逃不掉的学习日常时，他们就会条件反射一样产生挫折感。这也是他们为什么会比普通孩子更难有动力学习。

挫败感是一种比较主观的体验，比如说刚刚错过了一班车，也许有的人会捶胸顿足，痛骂司机才解恨；有的人就是哎呀一声，然后乖乖排队等下一班车，也许还会安慰自己，下一辆车我是第一个上的，一定选个最好的座位坐下。不同的反应都是和我们过去的经验相匹配的。

· 所以请多呵护你的 ADHD 孩子吧，在过去经验中感受到哪种情绪最多，他未来就会以什么样的情绪感受去面对同样的经验。

“我家的孩子没什么要好的小伙伴。”

ADHD 的孩子和普通孩子一样，都会渴望友谊，也喜欢与人分享交流。但是他们在正常的人际交往中，往往会表现出一些特别的让人不喜欢的行为，就会慢慢地感觉自己被疏远了。

比如我们在前几段中提及的，ADHD 孩子会突然插入别人的交谈，会没有耐心听完别人的话。在自己想到一个什么念头的时候，会第一时间去表达，而不顾及当时的场景。而他们太快的表达，往往也没有铺陈，会让别人无法跟上他的想法，以至于交流显得突兀。

人际交往就是一种互动，ADHD 的孩子并不擅长识别他人情绪，也就更难做到共情别人。他们的注意力经常在转移之中，比较难去体察一些细微的感受，事实上这也会让他们感受到一定的孤独，因为别人同样地也会感觉比较难与他们共情。

ADHD 孩子的表达往往很直接，少了些委婉。他们脑子里刚刚冒起一个念头，身体就同步行动起来了，让人会误判其行为带有危险性、攻击性。因为无法预判其行为，其他人往往会对其敬而远之。

· 所以 ADHD 的孩子确实会存在难以交到好朋友的问题，尤其在维系朋友关系上，他们需要更多的教育和帮助。

ADHD的疗法

正如 ADHD 的病因未有明确的界定，针对 ADHD 的治疗，也不存在“一招鲜”的方法。目前主流的疗法分药物治疗和非药物治疗，更常见的还是集中于非药物治疗，比如行为疗法、专项技能训练（尤指日常生活的应对技能）、运动和营养方面及一些新型疗法。作为 ADHD 孩子的家长，有时也会迷失在名目众多的疗法面前，无所适从。

我们编写这本书的目的，就是想让最需要帮助的家长，能够对 ADHD 有个完整而清晰的了解，并有信心做个智慧的家长。下面的章节，我们将从家长、学校、机构三个角度，来和我们的家长谈一谈，如何帮助 ADHD 孩子抓住最佳的治疗时机，得到科学治疗。

第3章 家长能做什么

ADHD

在开启本章的内容之前，有一些话要对家长说。相信你们买来此书阅读，也是非常想找到可以帮助自己孩子的指南，也相信你们正在经历或已经经历过非常多现实生活里的困难和委屈。所以我们有一个非常关键的前提：作为ADHD 孩子的家长，首先要调整好自己的心态，做好心理准备。

如果你能在内心里真正地接纳自己的孩子是在神经发育过程中遇到了困难，而并不是主观上要表现出这么多的问题，你对待孩子的态度就会完全不同。打个不那么恰当的比喻，如果孩子天生听力有问题，你会不会拼命地对着他大喊大叫来改变这个问题呢？当然不会，你反而会避开听力上的问题，通过各种其他途径来弥补孩子的先天缺陷。事实上，我们看到太多的家长，正在做着相反的事情，拼命在孩子最薄弱的环节上使蛮劲，每次的亲子冲突都因此而起。这样常常让孩子感受到不被理解、不被支持，加上无效的学业用功而产生的持续挫败感，设身处地地为孩子想一想，该如何面对自己的困境？他们会是如何的无助和痛苦？

所以，家里若是有个“难管教”的孩子，不妨把他作为一个重新审视自己生活的契机。孩子就好比挂在家庭之树上的一颗果子，如果你有一点点园艺经验就会知道，要想果子长得好，不是果子长出来以后再在果子上喷药施肥，而是从一开始就浇灌好这棵家庭大树。只有大树长得好，果子才能健康生长，这个道理，请一定常常拿出来提醒自己。

根据我们长期接触有ADHD孩子的家庭的工作经验，本章将从“营养”“运动”“行为”“情绪”“自尊”五大板块，具体地介绍家长可以在家庭中做的事情。再结合后面几章孩子在学校、社区及专业辅助机构中可以获得的帮助，家长们就可以综合地了解怎样更好地帮助ADHD的孩子适应生活环境。

最后还想重申一下，家长做好家长的部分才是最重要的，其他是不同的环境中不同的参与对象可以做到的部分，它们交织起来才构架了孩子成长的大环境。家长也不需要给自己太大的压力，想要包办所有。巨大的压力之下只会让人产生巨大的落差与失控感，这种状态下的你，对孩子来说毫无益处。

营养上怎么做？

我们之所以把营养放到第一个来讲，就是因为吃饭是我们每一天都需要做的事情，而且我们的孩子本身也处于生长发育的关键期，正确的饮食观念，科学的饮食规划，都是孩子生长发育不可或缺的重要部分。

家有 ADHD 的孩子，我们要在饮食上更加重视吗？
答案是不容置疑的。

第一

我们发现 ADHD 的孩子往往都在饮食上有些“与众不同”，比如挑食的占较大比例，很多孩子不吃某些高蛋白的食物，实际上这是因为他们在代谢上的机能相对比较弱。而父母为了让孩子多吃点，就会让垃圾食品趁虚而入，这些不健康的饮食习惯很可能会加重 ADHD 的症状表现。

第二

ADHD 的孩子本身可能缺乏某些微量元素，需要食物补充。

第三

孩子在服药治疗期间，在饮食上很可能会受到一些影响，所以更加需要家长在这方面多花心思。

有研究表明，ADHD 的孩子似乎更喜欢那些我们称为“垃圾食品”的食物，要么是不健康的，要么就是添加剂过多。很遗憾的是，那些加工食品、零食、甜食等食物的摄入量与 ADHD 的症状呈正相关。换言之，垃圾食物吃得越多，如加工肉类、精致谷物、人工色素、高糖食品、加工饮料和氢化脂肪（比如奶茶、奶油蛋糕之类）等，ADHD 的症状会越严重。

韩国曾进行过一项针对 986 名患有 ADHD 和学习障碍的学龄儿童的饮食研究，发现大量摄入盐、甜食、油炸食品与儿童的学习能力、注意力水平和行为问题呈正相关，而健康均衡的饮食、定期规律的进餐、健康乳制品和蔬菜的摄入量与 ADHD 问题呈负相关。

我们的建议：家里最好有一位家长主要负责孩子的日常饮食，当然这不是说给孩子做饭只是一个人的事儿，而是说给孩子的饮食最好是有计划的，而不是随机的，负责的家长就可以统筹安排孩子每天的饮食。

从临床上看，不少 ADHD 的孩子在饮食上并不让人省心，相对弱的代谢机能也会让他们吃的品种少或者量少。对于低龄孩子来说，粥是非常合适的一种选择，因为粥是比较容易消化的食物，我们可以考虑每天三顿饭里面，有一餐是做粥给孩子吃，但不是白粥，在粥里要配备好其他食材，这个就需要家庭里面负责孩子营养安排的家长来规划。比如说今天喝牛肉菜粥，孩子可能并不喜欢吃牛肉，但牛肉的营养对他又很重要，那么就可以把牛肉切成肉末，再加上切碎的蔬菜，做成香喷喷的牛肉粥。第二天可以做带鱼粥，把带鱼（或其他海鱼）煮熟了，把鱼肉和菜切碎熬粥。总之，每天换换花样。孩子要是上学了，我们可以在周末的时候，煮营养美味的粥给孩子吃，如果每天早上都能喝到这么好的粥，就更好。

根据我们的经验，这是孩子们普遍能接受的食物。

当然，按照这个思路，其实聪明又能干的家长还是能根据孩子的情况变出花样来的，比如炖蛋也是非常营养又好消化的食物，如果孩子爱吃炖蛋，那在炖蛋里一样可以加入其他高蛋白的食物。鸡蛋是非常易吸收的蛋白质，所以至少要保证一天一个鸡蛋。

基于 ADHD 孩子的敏感体质，冷饮也是特别要当心的，不能随性地吃。

有人觉得在大夏天吃点冷饮理所当然，而事实上在体温偏高的夏季，一顿透心凉的冷饮下肚，剧烈的温差和刺激，对内脏是场考验，对身体无益。

另外，我们也了解到，ADHD 的孩子往往缺少一些生长发育必需的重要元素。

比如多动症儿童的锌、铜、铁、镁和硒等微量元素普遍偏低，而这些元素对大脑发育和大脑功能都非常重要。所以，我们来看一下哪些食物是可以“缺啥补啥”的。

铁

ADHD 患者患缺铁性贫血的可能性是普通人群的 2 倍。铁是多种大脑功能所需的元素，例如神经递质代谢，尤其是多巴胺的产生。

含铁元素多的食物

动物肝脏、动物血制品，蔬菜中的菠菜、木耳、芹菜含铁元素多，而水果中含铁多的则有龙眼、樱桃、菠萝、草莓等。

锌

锌也是必需的微量元素，与神经递质、褪黑激素和前列腺素代谢及其他重要细胞功能相关。

含锌元素多的食物

贝壳类食物中含锌高，如牡蛎、蛤、蚌等；羊肉、鱼、蛋、牛肾、猪肝、鸡心、瘦牛肉等也是推荐食物；植物性食物中含锌的不多，生活中比较常见的有小米、卷心菜、茄子、萝卜、生菜、葡萄干、花生、芝麻、松子和核桃等。

维生素类

一些研究也发现 ADHD 的孩子对维生素 B_1、B_2、C 的摄入量较低。此外维生素 A、D 也与 ADHD 有关，维生素 D 是儿童普遍容易缺乏的一种维生素，而数据表明，高达 78.4% 的 ADHD 儿童缺乏维生素 D。

脂溶性	维生素 A	鱼类、蛋、猪肝、胡萝卜
	维生素 D	牛奶、动物肝、蛋黄、鱼肝油
	维生素 E	花生、芝麻
	维生素 K	绿叶蔬菜如菠菜、韭菜、芹菜、油麦菜；绿豆、豌豆、小红豆；鱼、虾、鲍鱼
水溶性	维生素 B	粗粮、坚果
	维生素 C	番茄、青椒、白菜、土豆，猕猴桃、葡萄、木瓜、榴莲、鲜枣

Ω-3、Ω-6 脂肪酸，镁和锌

一项研究表明，通过 SNAP-IV（一种常用的儿童和青少年行为评估工具）评估，omega-3（Ω-3）和 omega-6（Ω-6）脂肪酸、镁和锌的组合摄入 12 周后，ADHD 孩子的注意力缺陷、情绪问题、多动和冲动的症状显著减少。

推荐食物

核桃、大豆、甜椒、菠菜、南瓜、亚麻籽。

另外，ADHD 的孩子，尤其还需注意一些问题：

· 激素失衡

雌激素、睾酮和孕酮激素失衡会加重 ADHD 患者的注意力不集中、冲动和多动的症状。与同龄人相比，患有多动症的男孩的性激素结合球蛋白（SHBG）水平更高，脱氢表雄酮（DHEA）水平则可能更低。

· 重金属

铅或汞等重金属过高会干扰神经信号传导并加重注意力不集中的症状。铅已在 ADHD 中得到广泛研究，即使在低水平时也会影响孩子的神经发育。

· 食物敏感

患有 ADHD 的儿童在摄入人工食用色素等成分和牛奶、大豆、小麦等高过敏性食物后，症状往往会加重。

所以，关于 ADHD 孩子的饮食建议，综合下来的大方向如下：

1. 一些特定的营养素可以作为治疗 ADHD 的辅助剂，比如维生素 D、锌、铁和不饱和脂肪酸（PUFAs）等。

2. 多食用一些水果、蔬菜、鱼类以及富含不饱和脂肪酸和微量营养素（例如镁、锌和植物化学物质）的健康食品。

最后来看一下 ADHD 药物治疗和饮食之间的关系。

ADHD 的药物治疗主要集中在兴奋剂药物及非兴奋剂药物两大类。很多药理学研究发现，无论是兴奋剂还是非兴奋剂药物都会对心率和血压有影响，这些生理变化会影响食欲。

对于正在进行药物治疗的 ADHD 孩子来说，也许他们本来就不太喜欢一些口味寡淡的绿色食品，所以常常更需要那些不健康（油炸、重盐等）食物的刺激以增加食欲。

下面罗列了一些比较容易实现的主流健康饮食规则，
可以称为“对 ADHD 患者更加友好的饮食方案”。

地中海饮食

以蔬菜水果、鱼类、五谷杂粮、豆类和橄榄油为主的饮食风格。
地中海饮食的原则：高纤、高钙、抗氧化，主要概念包含：

a. 丰富的蔬果摄取；

b. 以海鲜及黄豆代替红肉；

c. 使用橄榄油、菜籽油，低温清炒，补充好的胆固醇；

d. 每天吃一份坚果；

e. 清淡料理，善用香草入菜。

抗高血压饮食法（DASH）

以全谷类、水果、蔬菜、低脂蛋白，特别是富含钾、钙和镁的食物为主，可遵循以下原则实行 DASH 饮食：

a. 足量的蔬菜、水果和低脂奶制品；

b. 减少饱和脂肪、胆固醇和反式脂肪含量较多食物的摄入；

c. 适量的全谷物、鱼、禽肉和干果类；

d. 控制钠、甜点、含糖饮料和红肉的摄入，多吃富含微量营养素的蔬菜、水果等。

运动上怎么做?

有些家长可能会有个认知上的误区，认为要让 ADHD 孩子尽量变得安静，孩子越乖说明治疗效果越好。其实家长要明白，孩子很多时候多余的动作，恰恰是他的身体在帮助自己协调的过程中发生的，因为孩子的神经发育程度不足以让其产生自主控制言行的能力，所以他的某些行为，比如上课的时候反复转笔，坐不住的时候喜欢扭动自己的身体，拧巴成那种看着都挺奇怪的姿势，恰恰是身体自发的一种平衡机制在起作用。

从这个角度，我们可以理解，适合的运动正是对 ADHD 孩子身体协调性的训练，可以帮助他们提高身脑协调性，形成深度的回路，同时也能积极地刺激脑部神经的发育。

温馨小提示

在家庭中，家长可以尝试和孩子一起参与运动，而不要把自己定位成一名“运动教练”，专业的运动训练，可以留给专业的教练去做。

这个提示背后，也有非常重要的意义。在家庭中的运动，大前提是把它打造成一种“快乐而健康的”亲子沟通方式。在这里也特别建议父亲更多地参与进来，因为父亲在生活上可能照顾孩子少一点，但在运动这件事上，正好可以发挥作用。当然，如果可以全家一起参与，那是更好的选择了。

· 室外运动

我们可以选择孩子比较喜欢的运动，比如羽毛球、乒乓球等球类运动。这些运动的背后，其实也都含有感统训练的任务。但我们的目标切忌放在“训练成就”上。

ADHD 孩子当中有相当一些是感觉统合严重失调的孩子，尤其是大肌肉无力。这些肌肉力量很弱的孩子，就要给到他针对大肌肉的运动训练，跑跑跳跳，都对他有利。如果家长能带领他跑步的话就最好了，跑步这件事情一旦能坚持下来，对增长肌肉力量是有好处的。孩子放学回家，也可以利用小区里的健身设备来运动，它们的配置基本能把身体各部位的锻炼都涵盖到。这些都是身边可以利用起来的资源。如果当地还有更多的自然资源，周末带孩子爬山走山路也是非常好的体能锻炼。走进大自然，会给参与其中的每一位都带来意想不到的好处。

·室内运动

可以因地制宜地减轻程度，以娱乐开心兼具运动的作用为主。

·这类活动、游戏、小健身，可以找到非常多的参考，但真正适合自己家孩子的活动，需要家长通过尝试和观察总结“定制”出来，因为每个孩子的年龄段、心智发育阶段、与家长的配合度、家庭居住条件等因素各不相同。

下面，列举一些简单易行的家庭游戏，仅作参考。

走直线

就是让孩子沿着一条直线走。这个很简单，但我们可以想办法做得有意思一点。比如和孩子讨论怎么体现直线，找绳子摆在地面上，或者铺一些报纸，或者用地垫，也许孩子还会有更多的奇思妙想。

还可以加入故事情境，比如说你是一名执行任务的小特工，要走直线才能安全进入目标地点。可以正着走，也可以倒着走，还可以边唱歌边走，或比谁走得慢。

总之，越是简单的活动，越需要我们投入地去玩。

爬坡

爬坡是孩子们普遍比较喜欢的活动，日常生活中，手脚并用的机会其实并不多。

可以用家里的被子或褥子，叠成小山坡，让孩子走上去、爬上去、跳下来、蹦下来，还可加大难度比如倒着走下来、反向爬下来等。

这个活动需要确保周边的安全，并告知孩子，只有在有大人看护的情况下，才可以玩。

走迷宫

可以把家里的玩具都派上用处，把它们随机放在地上，让孩子在一定时间内到达目的地而不能碰倒障碍物；或者让孩子在行走的过程中，要捡拾特定特征的玩具，比如说“把所有有眼睛的玩具都带过来”，或者“玩具上有绿颜色的都不能碰到，其他的带回来”。

我们还可以借助一些器具，比如家里的转椅，可以让孩子坐在转椅上，由家长旋转椅子，控制速度和力度；还可以买家用的蹦床，给孩子欢乐的“蹦蹦跳”时光。

家长可以灵活变通，设计出更加适合自己家孩子的家庭活动。观察孩子在听到家长说“我们来玩 XX 游戏吧”时的反应，观察孩子在过程中的参与度，观察孩子平静下来后做下一件事情时的状态，这些都是我们评估这个活动是否适合自己孩子的点。

· ADHD 孩子的协调性训练

除了上述的大动作训练，ADHD 孩子的协调性训练也尤为重要。

比如孩子的眼手协调性，并不一定要通过学习乐器来达到，所有需要孩子活动手指头的训练都是有益的。

比如很经典又实用的穿针引线练习，要增加难度的话，可以把孩子的一只眼睛捂起来，如果怕孩子反感，可以编一个海盗的故事，用眼罩盖住一只眼睛，让孩子觉得是个游戏。

再比如将一把绿豆和红豆（或者任何其他有差异的两种豆子）搅在一起，让孩子把它们分开来。可以计时、计数，或和家人进行小比赛。训练完了，这些道具丝毫不影响食用。

让孩子做一些力所能及的家务也是有训练效果的，比如让孩子帮忙剥毛豆、摘豆芽，一样可以让孩子戴上“海盗船长的眼罩”来做。

另外，跳绳也是非常推荐的协调全身技能的训练。

我们举的例子都尽量贴近日常生活，并不是只有花大价钱去参加感统训练机构的训练才有效。父母理解训练的目标后，生活中随处可以找到道具，而这种训练才更有日积月累的作用，尤其能结合到日常生活自理能力的提升，就更是一举两得了。

总结

对 ADHD 的孩子来说，就像前面提到需要一位“总厨”负责其饮食营养外，家里最好也有人为孩子规划每天的运动项目，包括精细动作训练、肌肉力量训练和协调性训练。

另外一点也很重要，真正矫治性质的训练，还要加上足够的“剂量”。举个例子，曾有一个 ADHD 孩子，早年被确诊后，他的家长帮他制订了大剂量的乒乓球训练。什么概念呢？就是他上午去上学，下午回到家基本就是打乒乓球。两三年以后，发现这个孩子的改善很明显。确实乒乓球需要调动全身肌肉运动，而且也很考验眼手协调。有些家长也让孩子去参加乒乓球训练了，但训练以后，好像没什么明显的效果。实际上家长要意识到，训练的时间，就像剂量一样，达不到剂量，就达不到药效。带孩子只在周末象征性地打一两个小时，效果不会很明显。感统训练如果达不到一定的量的积累，效果也会大打折扣。

行为上怎么做？

ADHD 孩子的一个显著特征是他的行为能力与年龄发展阶段不相符合。也就是说，孩子本身的一些行为并没有什么不对的地方，但是因为不是这个年龄的孩子应该有的表现，就会显得很幼稚。

家长需要明确的一点是，我们对孩子的治疗到底以什么为终极目标？我们是否不仅希望孩子能在课堂里认真听讲，还希望孩子能获得优异的成绩？我们是否不仅希望孩子能不再做出那些奇奇怪怪的行为，而且还希望孩子变成举止优雅得体的楷模？

温馨小提示

我们似乎总会不自觉地提高我们的目标和要求，这也就会让我们改善的道路变得永无止境。对 ADHD 的孩子来说，我们当然希望他们长大后，能不再成为“特殊的”那一类，所以在早期的干预中，作为家长要非常明确我们的目标，那就是希望孩子能够成为适应社会环境的人。

· 做家务

家庭环境是孩子踏上社会之前的小环境，所以在家庭中，家长需要帮助孩子在行为上更好地符合社会规范，为未来更好地适应社会打下坚实的基础。

因为 ADHD 孩子往往在学业上会遇到比较大的困难，其行为磨蹭、注意力不集中，会让他们无形中拉长用于做作业的时间。而家长又会因此而踏入一个误区，就是认为孩子的宝贵时间只能用于学习和训练，不舍得让孩子花时间在日常家务中，大小家务一律不让孩子沾手。当然也有个原因是ADHD孩子本身毛手毛脚，做事情很慢，经常把事情搞砸，所以很多家长会觉得让孩子做家务是件浪费时间的事情，有空还不如把作业做好。其实，让孩子参与到家务中，恰恰是我们非常推荐的方法。

第一

做家务本身就是一种训练，是可以立即看得到结果的一项挑战。比如扫完地以后，家里地面就变得更加干净；洗过碗以后，这些碗就成为下一餐可以继续使用的餐具。我们给孩子布置的家务工作，不宜多，一件件来，不要一下子发出好几个指令。因为孩子往往并不能很好地理解一系列的任务，不如一件事做完再分配下一件事。而且每个小任务不宜花费太多时间，比如择菜、扔垃圾，都是比较简单而明确的任务。

第二

做家务也是一种良性的亲子互动。关于做家务这件事，我们成年人往往会视其为一种任务，有时候还想偷偷懒，但在孩子们看来家务就像游戏一样，你会发现他们是很乐意接受这样的任务的，而且也很乐意跟家长共同完成。这时候，也是家长表达感激之情的最佳时机，夸夸孩子的参与，会促进他们更多地参与。

第三

做家务体现了我们日常生活自理的基本能力，也是孩子未来照顾自己，或者照顾他人的基本功。对 ADHD 的孩子来说，花时间学习做家务，很可能比花同样的时间在学习上更加有实际价值，也会让孩子赢得他人更多的欣赏和赞许。

·行为改善训练

除了做家务，家长也可以利用家庭亲子时间，做一些针对行为改善的训练，主要是帮助 ADHD 的孩子建立完善他们的听动反应，也就是能对别人的要求正确理解，正确反应。

这种指令性反应游戏，可以随时随地轻松地玩一把。比如说家长喊口令，孩子按口令做动作，“伸出右手小拇指，伸出左手大拇指”，在不同的手指之间、左右手之间切换，也可根据孩子的反应程度调整口令的速度。

ADHD 的孩子在家里往往会显得没有秩序感，比如回到家，脱下鞋子，他们基本不会放在鞋架上，而是东一只西一只倒在他脱鞋的地方。家长如果要改变孩子这个糟糕的习惯，就得以很小的步子往前走，集中一段时间专门训练这个行为，不要把他放学回家后所有的事都一起整改。

我们可以把这个行为流程编成口诀，就像做广播操，“一展臂，二伸腿”，把动作格式化，然后让孩子边说边做，加深记忆。比如说“回到家一脱鞋子，二放鞋子，具体放哪里，门廊鞋架子，三要换拖鞋，鞋架最下层”。这几个动作，变成唱歌一样的，每天回家就边说边做。这样的训练要多少次才行？我们给不出绝对的数字。前提是，孩子愿意接受这种相对有趣的做法，家长自己也要做示范，而一旦孩子在过程中厌烦了，就停下，硬来并不能达到效果，而且可能适得其反。要知道，与其家长一次次看不顺眼，一遍遍数落孩子，不如做点有效的改变。

事实上，孩子的行为并不是故意做出来的，确实会有执行上的困难。我们把一些好的行为习惯，通过分解动作、不断重复强化的方式，让他们记忆、执行。

在家对孩子进行行为训练的时候，也可以使用一些图表工具，可以把要求和行为进行更加直观的展示。比如我们可以罗列出一些行动的清单，并把它们尽可能清晰地归类。

比如下表是一个示例。要说明的是，任务的顺序按照每个家庭的生活习惯可以调整，如果发现有些任务孩子完成得特别差，也可以考虑把它再度拆开细分，比如说早上准备上学里的“洗漱、如厕”，因为发生的地点都在卫生间，所以放在一起成为一个任务，如果孩子经常不能按时如厕的，可以把如厕单独列为一个任务，写在你比较希望的时间顺序里，比如可以把“如厕”挪到“穿衣服”前面。还比如“洗漱”里面包含了很多环节，如果孩子也处理得不够好，可以做进一步的拆分，有些孩子总是做不到的事情，比如常常不记得挤完牙膏把牙膏放回原处，你甚至可以把这一条单独列出来。后面的评语项，不是必需，如果有看到特别的进步，可以写一些鼓励的话，或者在孩子没能完成的时候，标注一下原因。

日常行为清单

大任务	次级任务	是否完成	评语
早上准备上学	1. 早上六点半起床	是 否	
	2. 穿衣服	是 否	
	3. 洗漱、如厕	是 否	
	4. 吃早餐	是 否	
	5. 收拾书包	是 否	
	6. 出门	是 否	
放学准备作业	1. 拿出作业列表	是 否	
	2. 把相应要用的书和本子等都从书包里拿出来	是 否	
	3. 准备好文具	是 否	
	4. 作业排序	是 否	
	5. 每完成一项作业，要在作业列表上画钩	是 否	
	6 需要家长配合的作业提前告诉妈妈	是 否	

说到行为上的训练，特别也要提一下如何“惩罚”，因为奖励往往是大家使用得比较好的方法，而惩罚却总是以争吵、流泪，甚至肉体的痛苦告终。

这里也给大家推荐一些在行为训练中常常要处理孩子不顺从情况的原则。

我们不用“惩罚”手段，而用“取消权利”的原则。

首先，我们在向孩子提要求的时候，就要做到简明扼要、精确地表达出对孩子的期望。我们提要求的时候，不要用发问、建议或请求的方式。

如果孩子不顺从你提出的要求，你就要向他提出一个警告，需要用“如果……，就……”的句型来表达。警告应该清楚简短，例如“如果你不（要求的内容），你就会（丧失权利）”。

在这里，取消的权利内容可以是看电视的时间、和同学打电话、外出玩、骑自行车、游戏时间等。

※注意，警告的分量应该放在内容上，而不是你愤怒的表情和肢体语言上。

上一步提到的“取消权利”，有两种不同的形式。

（1）

孩子被告知将丧失某些权利，直到能够顺从原先的命令。

（2）

孩子被告知将会有一段时间（例如24小时）丧失某些权利。

当孩子表现顺从之后，便可以拿回原来丧失的权利。请注意，不管孩子表现得多么顺从，或者多艰难才能顺从，都不能当即额外再有奖励。

如果孩子是肢体上的严重反抗，请以孩子的安全为第一位，可暂时停止这个权利的争夺。

下面是针对家长常问起的 ADHD 孩子在家庭中不尽如人意的行为，提供的一些应对策略。

□ 挑食问题

饭前吃零食，到时间不吃饭，不吃蔬菜，三催四催还是不上桌，这个不吃、那个不爱，不饿，不想吃，最后还是被迫勉强吃了几口。

解决办法

饭前让孩子帮忙准备，参与食物制作，既可以减少孩子吃零食的时间，打开食欲，同时也可以拉近亲子关系，让孩子学习到厨房工作的细节。

□ 上学问题

赖床、穿衣刷牙不主动、吃饭挑食、出门慢，导致上学迟到。

解决办法

提前训练孩子，掌握每一个动作后，再训练孩子做时间管理，规定每一项任务的完成时间。最终目标是完成任务，在规定时间内出门比每一个步骤做到位和准确更重要。

□放学问题

孩子放学回家时，忘记带东西回来，没有抄作业单等。

解决办法

家长可以提供协助，例如请老师给作业单拍照，私下发送给家长（注意：这里不希望让孩子养成习惯，认为作业单抄不抄都没关系，反正父母会跟老师要）。漏做的作业还是要补上的，该做的事情一点不能少。针对孩子经常落东西的问题，可以拜托孩子的同桌提醒他放学前检查书包和课桌。如果是孩子故意不想带回来，家长需要有明确的处罚，这是原则性的问题。

□做作业太慢的问题

孩子放学回家，不愿意立马做功课，等家长回来才愿意配合做，做的时候也是困难很多。

解决办法

先评估孩子的能力是哪一种：不会做、怕做错、还是不愿意做？

如果是不会做，家长要接受孩子的能力不足。

如果是怕做错，家长可以同意孩子先完成再订正或是同意孩子翻课本找出答案，先完成作业再解决掌握问题。

如果是不愿意做，家长需要寻求专业帮助，探讨孩子不愿意做的原因，再解决问题。

□ 个人卫生问题

孩子不愿意洗澡，不愿意换脏衣服。

解决办法 家长可以给孩子一些选择的权利，而不是强硬地讲道理，或者用鄙视奚落孩子脏的方法来激将。

1. 可以不洗澡，需要洗脚、洗私密处、换衣服。

2. 可以简单洗澡（这种情况的孩子不是不愿意洗澡，是家长帮其洗澡时，洗得太干净，时间太长，孩子容易烦躁，不舒服）。

3. 合理安排：比如一周 2 次大洗澡，2 次简单洗，3 次洗脚。

情绪上怎么做?

ADHD 孩子的情绪比较容易冲动，我们做家长的一定要理解，孩子们的坏脾气和不可理喻，并不是为了故意惹爸爸妈妈生气。恰恰相反，他们自己也非常苦恼：“为什么我总是学不会控制自己的情绪呢？”已经有许多的实证研究表明，与注意力缺陷有关的大脑结构和神经网络同样与情绪密切相关。对于平时就有注意力不集中、多动、冲动的孩子来说，缺乏情绪调节能力也是他们神经发育不完善的一种表现。

比如，一样是和爸爸妈妈拌嘴不开心了，普通的孩子会觉得委屈，伤心地哭，这个过程差不多 10 分钟，而 ADHD 的孩子，有些会表现得特别激烈，或者嚎啕大哭半个小时，有时还会一边哭一边把本来最喜欢的玩具摔到地上，甚至用头撞墙。正是因为孩子的神经发育不完善，造成了情绪调节的问题，这种时候他们不是故意搞破坏，而是已经“情绪上头”，很难顾及自己行为

的对错了。

ADHD 的孩子还表现为缺乏自我安慰的能力和抑制强烈情绪以减轻其严重性的能力。比如，同桌本来只是和他开了个玩笑，孩子却误以为同桌在挑衅自己，以致整个下午课都听不进去了。这也是因为孩子的神经发育还不完善，并没有能力去自己安慰自己。虽然事后可能会明白对方只是想和他开个玩笑而已，但是在情绪来临的当下，孩子就很难控制自己。

ADHD 的孩子，还缺乏从情绪刺激事件中快速重新集中注意力的能力。做家长的应该常常会观察到，在和孩子发生争吵时，他们似乎把小耳朵堵住了，不论说什么好像都没有用，听不进去。在学校和同学吵架了心情低落，回家写作业就会很慢；看了搞笑动画片后格外高兴时，也写得很慢。开心慢，不开心也慢，孩子们做作业的效率似乎永远是个谜。其实，这都是因为孩子们很难在情绪激动的时候集中注意力，这时候当然就表现为“油盐不进”或是谜一般的写作业效率。

普通的孩子遇到比较大的情绪刺激事件有能力去消化及组织更温和、更健康的情绪反应，ADHD 的孩子却缺乏这种能力来拯救自己的情绪。这也是为什么，有时候我们做家长的也很难共情到孩子的情绪，比如前面因为误会了同桌而影响了正常的听课，如果孩子告诉你这些，你也许会觉得这根本是两码事，不听课损失才大了呢。这些都是我们成年人正常的情绪调节能力和判断力，我们自己在遇到类似情况的时候，会给到自己合理的评价，并做出相应的反应，但是对于情绪调节能力还较弱的孩子而言，他们会卡在那里，不懂得为了一个更长远的目标去调整自己的情绪。

在家里，家长很自然地会成为孩子情绪的容器，在帮助孩子学习调节好情绪之前，我们一定要先照顾好自己的心情，这样我们才有能力像一台空调一样，帮孩子调节情绪的温度。如果家长自己的情绪已经很不稳定了，就会像一个炸药包一样，被孩子的情绪点燃，无法继续带领孩子来调节了。

我们要明白，ADHD 的孩子在学校里的感受往往是不大开心的，因为他不大可能在一个受表扬、受欣赏的环境中，但看到别的小朋友受表扬、受欣赏时，内心也会渴望，可总是得不到。他们还比较容易与其他小朋友产生摩擦，所以回到家，弄不好肚子里已经装着一大堆的不愉快，这种情绪在学校里

受制约没能发泄出来的话，到家里就会发脾气，因为他莫名的不开心。所以我们能做什么？孩子回到家的第一时间能不能先给一个抱抱？拥抱这个动作是带有安抚性的，可以让他一天的这种压力都得到释放，你无形当中就是给他安慰了。孩子不主动说，我们也不用盯住问今天过得开心不开心啊之类，一个拥抱包含了很多的内容。

另外，我们带 ADHD 的孩子外出，往往也会因为孩子的特殊表现而遭遇一些令人尴尬的情况。要特别记住，当着外人的面，不要去呵斥孩子，而应想办法转移他的注意力，或者把他从这个情景当中拉出来，去做另外一件事情。孩子在当时可能真的没搞明白自己做错了什么，或者是控制不住自己的行为，而且会经常有这种莫名就被人嫌弃、批评的体验。如果家长为了在别人面前表示，我们其实是有管理孩子的，并不是我们很纵容孩子，我们要教训他，那其实就是让孩子受到了更多一层的伤害。

我们往往容易忽视 ADHD 孩子背负的情绪压力，尤其在公众场合，我们要尽量转移孩子的注意力而不是直接指责。

这里我们多次提到情绪两个字，事实上，情绪问题不仅困扰孩子，对家长也是一样的。针对情绪，这里稍微展开一下，以帮助家长们掌握一些放之四海而皆准的原则，体会一下：

觉察情绪：
防止情绪变成洪水猛兽最好的方式之一，就是给它命名。

情绪因为看不见摸不着，所以更加难控制。我们要学习觉察的能力，并在觉察到自己的情绪时，给它命名，比如说我现在体验到的是生气、悲伤还是难过。

我们古人常言，人有七情六欲。《礼记·礼运》中记载：“喜、怒、哀、惧、爱、恶、欲，七者弗学而能”，说的就是人的这七种情绪与生俱来，不用学就会了。

高兴

生气

害怕

难过

厌恶

喜欢

美国加利福尼亚大学伯克利分校研究人员发现，人的情绪不止这些，其实有 27 种。

所以，真正准确地辨析自己的情绪，并不是你想象中那么容易的事情。

在孩子发脾气或者有情绪来袭的时候，我们要在那个当下，说出来。

情绪也像一样东西，它需要被看见。把它说出来，一来，是在教会孩子把感受和这种情绪挂钩并知道如何命名它，就像学习身边物品的名字是一样的；二来，也是和孩子确认，孩子可以说“不是这样”，然后就有机会把自己真实的感受告诉你。这也是学习了解如何表达情绪，会让孩子知道自己的情绪表达和别人对自己的理解是不是匹配，会不会给人产生误会，自己要不要做调整，能让孩子更准确地感知自己的情绪。

情绪没有好坏之分：
每一种情绪都有正面和负面的作用。

比如说愤怒既可以是有破坏性的，也可以是带激励作用的。认同这一点，也就会更容易接纳自己的情绪。并不是说我产生了一个“负面情绪”，我就是在很糟糕的状态里了。我能接纳自己的情绪，也就为转化留出了空间，也更能接纳自己、接纳别人。

家长在表述孩子情绪的时候，请客观地描述孩子的状态，而不要带上评判的词汇。

面对情绪，要去疏通，而非压抑：
找到合理的宣泄情绪的方法。

正如我们常说的“所有的情绪都需要一个出口”，而我们更常用的方法是压抑自己的情绪。所以，这也是我们管理情绪的一个不二法则，当我们觉察它、命名它并接纳它以后，就要去寻找到一个合理的宣泄方法。这种方法可以借鉴，但是对别人管用的未必对你也管用。所以需要多多尝试，找到适合自己的模式。

管理情绪的四步法则

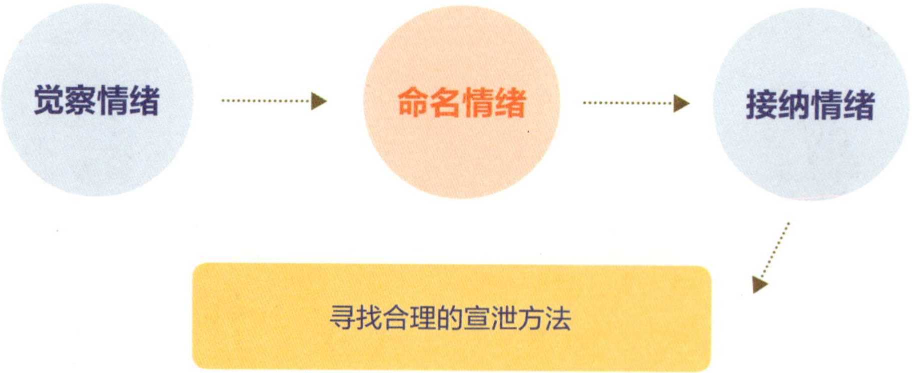

在帮助 ADHD 孩子时，我们要认识到，情绪调节只是第一步，要想达成最终的目标，可能还需要再结合注意力训练、亲子关系改善、组织技能训练、家庭奖励机制等一系列的管理策略。从短期来看，管理情绪并不是马上触发“好好写作业”等良好行为的万能按钮。但是这一套“组合章法”里，管理好情绪是绕不开的第一步，也是一切沟通和教育的基础。

自尊上怎么做？

自尊就是一个人如何评估自己，有相当一部分 ADHD 的孩子会用负面的方式来评估自己，同时会做一些行为来验证自己的自我评价。一个低自尊的孩子，会觉得别人看待他的方式都是负面的，所以就在这些人面前做出不好的行为。

所以，ADHD 孩子的家长尤其要注重改善孩子的低自尊，孩子的行为问题可能也会因此有所改善。

家长对孩子的表达内容和方式对孩子的自我评价和自尊影响很大。如果肯定积极的反馈多过批评，在一段时间后，孩子会发展出正面的自我形象。

家庭互动带给孩子很深的影响，如果家庭有问题，每个成员都受苦。我们尤其要避免用一些孩子不喜欢的沟通方式，例如否定的问话、责备、贬低以及讽刺。这些沟通方式对孩子的自尊有负面影响。真正倾听孩子说的话可以使孩子对你和对自己的感觉更好。

ADHD 的孩子在学校里的生活可能不会特别安宁，他们常常犯错，很少有朋友，还经常惹麻烦，冲动地做决定等，这些必然也在损伤孩子的自尊心，毕竟这些事情不会获得好的反馈。必要时家长可以询问孩子在这个错误中学习到了什么，鼓励他继续尝试改变，然后帮助他把焦点放在努力尝试上面而非结果上面。这样也帮助孩子为自己言行的后果负起责任，也为他逐渐减少犯错及在犯错后担当责任打下基础。

另外，帮助孩子发展本身拥有的才能也很重要，因为擅长做的事情会为孩子赢得更多的正面肯定，从而提升他的自尊。这就需要家长细心观察孩子在哪些领域拥有更好的能力，并创造尽可能多的机会让他展示。

温馨小提示

很多 ADHD 的孩子在服用药物后会有改善，家长不要太过强调药物的效果。即使药物对孩子的确有相当大的效果，家长也要让他知道是因为自己的能力才能获得如此好的改善。

有一些事情，也许在旁人看来并不值得肯定，甚至都算最基础的要求，但是如果 ADHD 的孩子做到了，家长就可以借各种机会不断地跟孩子说，争取让它们内化到孩子的心里。

1. 坚持上课，完成作业就是进步，也是值得肯定的。
2. 勇敢举手回答问题，即使说错了，也是值得肯定的。
3. 坐在椅子上，坚持上完课，也是值得肯定的。
4. 坚持做课堂作业，交上去，即使错误很多，也是值得肯定的。
5. 勇敢说出自己的困难，哪怕被拒绝，也是值得肯定的。
6. 被老师误会或批评，没有气馁，也是值得肯定的。
7. 默写成绩不好，但提前是练习过的，也是值得肯定的。
8. 坚持自己完成作业，也是值得肯定的。
9. 强迫自己不要乱跑和大笑，非常痛苦，也是值得肯定的。
10. 和同学有了语言冲突，但是没有动手，也是值得肯定的。

沟通上怎么做？

不配合的孩子让父母很头疼，父母可能缺乏有效的技巧来管教他们。这些父母经常大喊大叫，态度前后不一致，孩子对父母的态度也无所谓，父母经常屈服于孩子的倔强行为，或者对孩子过度控制、使用体罚，反而会强化问题行为。双方都想赢过对方，假如孩子时常获胜，行为问题会越来越严重。

孩子不愿意配合父母时，父母应该如何调整？

· 怎么说才肯听

回想一下你和孩子的说话方式有如下情况吗？

□ 笼统的指令：

用模糊的方式告诉小孩他该做的事。（例如“赶快”“走开”。）

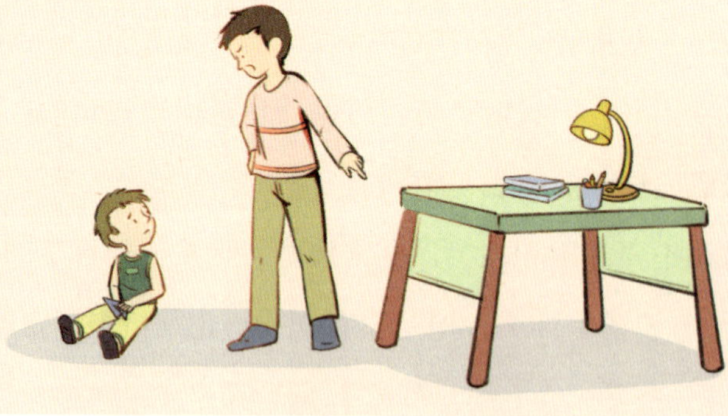

✕ 笼统的指令无法精确地告诉孩子具体要做什么。

□ 提问式的指令：

提问，企图获得小孩的配合（例如“去把功课完成，可以吗？”“去洗澡好吗？”）

✕ 提问式的指令行不通，因为它给孩子提供了一个可选择配合或不配合的机会。

□ 讲道理式的指令：

向小孩解释为什么要配合。（例如“你现在必须将衣服穿上，如果你没有这么做，我们上学就会迟到”。）

×

讲道理式的命令也有问题，因为小孩会提出理由反驳而不配合该指令。（例如“我们还有很多时间，我们不会迟到。”）

□ 多重指令：

交代孩子同时去做许多事情。（例如“捡起你的玩具，收拾书包，洗手，然后吃晚饭”。）

×

小孩要配合多重的指令常有困难，因为指令过程中有太多步骤，常会让他们觉得困惑。

□ 唠叨式指令：

一次又一次下发重复的命令。（例如反复不停地说“快把作业写了”。）

×

唠叨式的指令没有效果，因为小孩慢慢会知道父母下达第一次指令时，他们不配合也没有关系。

笼统、问题式、讲道理式及多重指令及唠叨式指令和小孩的不配合有关联，应避免使用这些指令。那我们应该如何下指令？

· 使用特定步骤的指令

使用 10 个字或更少字的指令。（例如“把所有玩具放在玩具架上”。）10 个字或更少字的特定步骤的指令和小孩配合有关联。因为特定的指令能够精确地告诉孩子他要做什么。为了让特定的指令能够发挥最大效果，你应该只发出一次指令。当你希望孩子配合要求，你应该给予特定步骤的指令。

· 使用具体的警告

很多情况下，只是运用特定的指令和强化行为还是得不到孩子的配合。有些孩子已经被过度奖励，对指令免疫无感，这时具体的警告和处罚更重要。提出警告的最好方式是以“如果……，就……”的句型来表达。

举例来说，若小孩拒绝将他的书包整理干净，父母可以说“如果你不把书包整理干净，就不能出去玩”。（轻度处罚）这种句型的表达能够很清楚地告诉小孩不配合的后果，不过很重要的是，你只能警告一次。只要坚持只警告一次，你的孩子终究会了解如果他不想受到处罚，就必须配合你对他提出的警告。提出警告后，在处罚前，大声地从一数到五，提醒他是改变心意的好机会，对他可能有帮助。

· 孩子配合就给奖励，不配合就给予处罚

如果孩子配合你的命令或警告，就给予他强化，强化的方式可以是赞美或具体的奖励，例如小奖品或下次豁免处罚的权利。如果孩子不配合家长的命令或警告，就给予他一定的处罚（拒绝帮助、互动、做好吃食物，不再买玩具、减少玩具的数量等）。

· 保持冷静

保持冷静，避免陷入权力争夺。在训练孩子时，避免过度生气。如果家长能保持冷静，就能避免权力争夺，而且能促进孩子的配合行为。如果冲突太大，家长先走开，调整自己的情绪，等恢复冷静以后，再想办法解决。

社交上怎么做?

ADHD 的孩子在社交活动中会遇到很多困难，他们不知道如何在社交情景中展示合适的行为举止，他们通常呈现负向的社交行为，例如打人、干扰别人等，较少有正向的社交行为，例如情感表达、分享、与人合作等。如果孩子想要发展友谊，必须减少负向的社交行为，增加正向社交行为。

家长可以通过以下步骤来改善孩子跟他人的人际关系。

· 步骤一：找出孩子的负向社交行为

这个步骤，是为了让我们对孩子的日常行为有个更清晰的了解，也帮助孩子知道如何去判断自己的日常行为。

负向社交行为

- 不公平地玩、不认输
- 争吵、斗嘴、挑衅
- 打断、插嘴
- 骂脏话、取外号、嘲笑别人
- 发牢骚、抱怨
- 抢别人东西，没有征求别人同意
- 干扰、侵占、抢位置
- 退缩、自我孤立、被动、消极
- 不懂得倾听
- 藏玩具或食物
- 玩游戏时自己说了算
- 不敢眼神交流
- 太吵闹
- 炫耀
- 话太多、强词夺理、咄咄逼人

- 不知道如何表达自己的感觉，不敢表达
- 不能遵守游戏规则
- 游戏时太粗暴
- 不能处理同伴压力、不会拒绝、不敢拒绝

正向社交行为

- 懂得轮流、会分享、会合作
- 表达感觉
- 眼神交流
- 开启话题
- 自我肯定
- 倾听别人
- 赞美别人
- 接受赞美
- 遵守游戏规则
- 拒绝同流合污
- 会道歉
- 会发问
- 将自己的事告诉别人
- 公平地玩
- 会询问别人的兴趣或愿望
- 会问别人需要什么
- 简单扼要地讲述事情
- 帮助别人
- 敢拒绝做同学要求的负面行为

这需要家长花一些时间来观察孩子和同学、兄弟姐妹之间的互动，找出哪些行为是孩子最需要努力维持的。你需要在不同的场景下观察孩子几天或几周，看他是如何面对挫折、困难、拒绝等。

·步骤二：提出改善社交行为的目标和计划

孩子知道自己的问题行为很多，对父母的态度非常敏感。我们要让孩子知道你想要帮助他，而不是列举满满一张纸的“罪证”。告诉孩子你有计划也许可以帮助他跟其他孩子更好地相处，同时你也愿意跟他一起将计划付诸行动。建立起互相信任的良好合作关系，是后面任务的基础。

·步骤三：教孩子社交行为技巧

我们要促进孩子的正向社交行为，尽量用孩子所能了解的方式来形容这些行为，接着示范这些行为。角色扮演是非常推荐的方法，一来孩子们可以在扮演中实际体验这些行为技巧，二来这些技巧讲解起来简单，具体运用在哪些场景中扮演后会更加容易记忆。家里参与的人可以轮流扮演，直到孩子能够真正了解这些行为的内涵。通常在经过说明、示范、角色扮演后，大部分的孩子都能够更清楚地了解。

在家中有过一些讲解、扮演和练习，家长就可以安排时间和场景把社交技巧应用在生活中。事先计划你的孩子在未来社交情景中如何努力完成社交行为技巧，也是很有帮助的。例如周末孩子参加训练营，父母和孩子可以事先找到一些方法，好让孩子在训练营中努力完成一些社交行为技巧。

温馨小提示

人际交往能力是孩子非常重要的一种能力，家长能做的并不是越俎代庖，而是像一个孵化器一样，帮助孩子操练必要的社交技能，打好基础，以适应真实的社交场合。

· 怎样做比较好？

ADHD 孩子的行为经常无法预测，要是他们突然冲到大马路上，或是在椅子上跳起来，会带来不可预测的后果。

所以我们带孩子出门一定要牵紧孩子的手，避免孩子离开视线，随时随地用手控制孩子的过激反应。对一些行为规范的要求可以抄写在小纸条上，让孩子随身携带。

尽量避免带孩子去必须保持安静的场所，比如图书馆、剧院、美术馆、高档餐厅等，因为那样的话我们每分每秒都要严加留意孩子的行为，父母和孩子都会感到巨大的压力。公园或开放空间等可以消耗体力玩游戏的场所比较合适孩子去。去对地方就可以让孩子的缺点变优点，也能建立孩子的自信心。

晚上时间应安排比较安静的活动，例如准备第二天要用的物品，复盘当天活动的内容等，每天做好固定的生活规划，虽然有时孩子觉得无聊，并不代表他不愿意参加。反复的活动训练对孩子的身体记忆非常有帮助，也能强化他的细节观察能力。

遵守规定上怎么做?

说起 ADHD 孩子的学习，一定是家长感觉最难以应付的部分。学习有量化的成绩指标，非常容易比较，因此，学习往往是家长和孩子感到最有压力的部分。对待 ADHD 孩子的学习，家长要把握以下原则：

第一

□孩子的学习量只能减少，不能增加。

一味地增加 ADHD 孩子的学习量，非常容易让孩子厌学，尤其对于那些完成学校布置的任务都会有点困难的孩子，这时候额外增加功课会适得其反。有些家长会想：别人家的孩子都在参加各种培训班，自己家的孩子本来就成绩落后，那更加需要“补补”了。病急乱投医，让孩子的状况变得更糟糕。我们的原则就是学习量只能减少，不能增加，尤其小学阶段，目标是跟上班级教学，作业也是尽量完成老师布置的就可以了，千万不要作业都做完了，还要自行加量，尤其哪门功课吃力的，拼命在这门功课上加量。ADHD 的孩子在学习中本来就会遇到重重困难，他们智商没有问题，但完成任务需要比别的孩子付出更多去控制自己的情绪，家长不要再让他们难上加难了。

如果有些 ADHD 的孩子，学校的基本作业都完不成，家长也不能强行控制，如果是晚上睡觉的时间到了，在那个阶段，保证孩子的睡眠时间要比完成功课更重要。家长需要与学校老师尽量达成一致，获得老师的理解。

第二

□ ADHD 的孩子到底要不要补课补差呢?

每个家长都怕孩子学业跟不上，如果真的要补习的话，建议只在寒暑假的时候来做，而且最佳选择是请一位一对一的老师，这位老师要能很快评判出孩子在哪部分没有掌握，就针对这些薄弱的地方进行补差。而且要和老师商量好，每一次补习的时间要短一点，学习的量也不能多。ADHD 的孩子基本没有智商问题，在一对一的强化补差时，他们往往能获得比较好的效果。如果在平时的学习日，加量的学习会让孩子精疲力竭，哪怕周末时间，也最好让他们调剂放松一下，不要把整个一周都变成学习的日子。

第三

□ ADHD 的孩子在家里做作业的时候，最让家长看不下去的就是他们做几分钟，注意力就集中不起来了。

注意力不集中是孩子 ADHD 症状的表现，不要一下子就理解成他们不专心，只想着玩，动个不停，心不定……家长不妨通过肢体的接触，比如摸摸他的头来提示孩子集中注意力。千万不要自己先情绪爆发对孩子一通责骂甚至吼叫。要知道这种情况下，你越是吼叫，对孩子的刺激越大，他就会更加慌乱不知所措。ADHD 的孩子本身就是头脑接收外界的信息后，处理功能不太一样，如果接收了太多纷杂的信息，他们很难整合好，行为就会更加混乱。

温馨小提示

ADHD 孩子的家长要比别的家长更加“佛系”。孩子在注意力无法集中的时候，尽量不要给他更多的刺激，更不要大力扰动他的情绪。用手摸摸孩子的头是一个提醒，也是一种接纳和支持的态度。

第四

□ ADHD 的孩子无法记住一连串的活动或步骤，经常无法在规定时间里完成任务。

因此，ADHD 孩子会不断重复犯简单的错误。他们也不喜欢进行记忆练习，也可能因为练习不足导致记忆力无法提升。因为上述种种因素，ADHD 孩子容易丢三落四，问东问西。

让孩子练习自己想起来的方法有：

（1）便利贴和备忘录：让孩子记住待办事项，可以使用便利贴或备忘录来帮助孩子记忆，另一方面也可以让孩子练习如何记录琐事。利用便利贴或备忘录直接贴在物品上，简单有效。

（2）清单：不让孩子遗落物品，直接列出一张手边拥有物品的清单是最有效的方法。在准备隔天课堂上要用的物品时，可以先列出一张必要的清单，让孩子一边练习一边整理书包。

（3）让孩子自己回忆起来，不要在孩子身边不断提醒："不要忘记……"，而是借由提醒孩子："今天应该有什么重要的东西吧。"让孩子自己想起来，帮助孩子锻炼大脑思考回路，让孩子学会自己从脑海里找出需要的资讯。

温馨小提示

ADHD 孩子的家长在孩子的学习问题上，心态一定要摆正。你需要接受这个事实，自己家的孩子可能在学习上要比别的孩子面临更多困难，所以你要做的不是生拉硬拽赶上，而是在背后做他的支持者。

第4章

如何面对学校生活

ADHD

很多 ADHD 孩子的家长，往往会有一个纠结：我到底要和学校开诚布公地谈一下，还是最好隐瞒着，以免孩子在学校里受到另眼看待?

我们理解家长的心态，都期望尽可能保护好自己的孩子，但是从孩子本身的情况来看，我们认为与学校沟通会比隐瞒对孩子更有利一些。

首先，对 ADHD 孩子的治疗，学校干预本身就是一个重要部分。正如美国儿科学会（AAP）关于 ADHD 儿童临床诊疗指南所建议，临床医师在治疗学龄期 ADHD 儿童时不能单独地工作，与家长、老师和其他学校工作人员的及时沟通是必需的，以检测疾病的进展和治疗的有效性。

其次，孩子与其他孩子的差异，班级里的老师会比家长更早地观察到，我们知道有不少 ADHD 的问题，是老师提醒父母才去做的检查。老师看到的是一个孩子的群体，所以更容易发现某个孩子的不同之处。所以如果说真的要隐瞒老师，其实是比较困难的。

第三，老师是希望掌握孩子的情况的，如果有什么问题，也希望家长是合作的态度，以达到家校共育的效果。家长的回避有时候会被误认为家长不愿意负起责任，谁愿意孩子被误认为是“家长已经放弃”的那一个呢？在教学压力本身已经很大的时代，老师和家长合力行动，才是对孩子最有效的教育。

最后，确实也存在着对特殊儿童的教育理念并不了解的老师，在他们对孩子的问题没有正确的理解前提下，孩子的表现往往会被认为是针对老师的无礼取闹，或者专门破坏班级纪律的行为，在这种认识下，老师往往会采取惩罚的方式对待孩子。毫无疑问，这对孩子的发展是最糟糕的一种情况，每个家长都不愿意发生在自己孩子身上。

所以，我们希望家长还是可以把孩子的情况如实告知校方或者至少是班主任。这样可以取得老师的理解，也会相应给孩子一些更符合实际的支持。

这一章，我们将会展开讨论一下，学校和老师如何看待 ADHD 的孩子在学校的各项表现，如何帮助孩子得到合适的教育机会。但是，我们也必须面对一个事实，这些内容，并不是普通学校里任课老师的常规任务。在与第一线老师的接触中，我们也感觉到这一块的工作是远远不够的。这也是为什么在这本写给特殊儿童家长的读物中，我们也会考虑到把这一章的内容加进来。

对每一位 ADHD 的孩子来讲，差异化管理和教育是很有必要的，希望老师们能够了解对于这些孩子来说什么是更好的学校环境，什么是更合适的教育。同时，家长在与老师的沟通中，也需要提出更加合理化的要求。

在教室里如何对待ADHD孩子？

ADHD 的孩子，最大的问题，就是他虽然坐在教室里，但听不进去课。怎么办？

他们不听课的时候，往往会开小差、做小动作，有时候还会故意破坏班级的纪律，这些都是老师感到非常棘手的。我们会看到，这样的孩子往往要么被安排在教室的第一排，要么坐到教室最后一排或者角落里，有的索性在讲台旁专门设个课桌，给他们坐。

我们建议让孩子坐在教室第一排，最靠近讲台的位置。因为这样老师会相对更好管理一些。如果让孩子坐到离老师最远的位置，甚至远离正常的班级同学，孩子会感受到被孤立，这是一种“被放弃”的感觉，更加无法让孩子集中注意力。这样的安排也会让其他学生潜意识中把他排除到集体之外。而安排在和老师并排，并面向全班同学的位置，这样并不能减少对孩子注意力的干扰，人类对视本身就会形成一种压力，这样的位置让孩子无形中和其他同学形成对立的关系，而且有些孩子喜欢引人注意，这样他更可能在出其不意的时机里，做鬼脸逗同学们，或者故意要表现得和下面的同学不一样，从而影响课堂秩序。

而这个离讲台最近的第一排位置，仍旧身处班级之中，又是离权威的老师最近的地方，在老师一伸手的距离之内，本身也能让他感受到，自己既被关注也被监督。

老师有一个小动作，也许是可以起到一些作用的，就是伸手摸摸孩子的头。请注意，一定是温柔的抚摸，带着非常直接的安抚作用。当老师发现孩子开始表现出烦躁的苗头，比如眼神不再跟随了，开始无意识地手脚动作增多，左顾右盼。这时候，老师伸手摸一摸孩子的头，既不提示也不批评，照常讲课，甚至不引起其他同学的注意。

有的老师也许会用其他的方式去提醒，比如拍拍他的肩，点点他的桌面，用眼神提醒，等等。总体来讲，这些方式尽量只到达这位特定的学生，而不引起其他同学的注意是最好的，因为这里不需要“引起警示”，他的行为表现不代表班级其他同学的表现，不需要通过同时提示其他同学来达到警示作用。而

摸头本身，是一种比较特殊的肢体接触，同时带有安抚作用，尤其对神经发育相对落后一点的孩子，这样孩子的感觉会没有那样的负面。

另外，老师也应尽量减少在全班同学的面前提及孩子的名字。孩子的学习成绩也许已经成为“不能公开的秘密”了，但是一个同学在班级里的“地位”却是可以从老师的日常互动中感受到的，那些被高频提到的名字，要么就是样样优秀的孩子，要么就是样样拖后腿的孩子。

对 ADHD 的孩子来讲，哪怕变成班级里的“小透明”，也好过因为被老师反复点名而成为“公敌”。

作为班主任，可以在这位同学不在教室的时候，对全班同学说一下，大家每周都会轮换座位，而这位同学不换，这是他目前需要的帮助，对他更加合适。这样免去了其他同学对他的质疑，或者因为需要遵守班级规则而无意中让其他同学与这个孩子产生了冲突。

同时，班主任还需要和其他的任课老师也通个气，其他课的老师因为不常驻班级，对学生的了解可能不会特别多，班主任提前告知设置这个特殊位置的原因，其实也是给了孩子一个更加能被理解的环境。

· ADHD 孩子课堂常见困难：

课堂里发出怪声、做出怪动作

因为孩子的专注力不足，通过发出怪声怪调、怪动作来找回自己存在感/注意力，如何改善？孩子小动作太多，比如手不停地玩弄文具用品、手拿笔画画、思想开小差等，其实也是在找存在感。这些表现就会使孩子和课堂失去交集。这时，我们可以让孩子离开座位帮助老师或同学做一件小事后，孩子存在感被找回来，也就可以重新安静了。

注意力不足、视觉听觉专注时间短、记不全

课堂里听不进去、记不住、无法理解，无法完成课堂作业，这也是 ADHD 孩子最常见的问题。他们看着黑板上的内容，一扫而过没感觉，就是记不住。翻课本也找不到知识点，因为没有预习。针对这种情况，家长课后可安排针对性的视觉、听觉训练，可按照先听录音再读、先理解再记忆、先重点再细节的学习流程进行（一开始练习时长不超过 5 分钟，慢慢延长时间）。

放学后给孩子一些时间放松，做一些学习以外的事，等孩子精神放松后，再做功课比较合适。

·在作业上如何帮助 ADHD 孩子

ADHD 的孩子，因为注意力方面的缺陷，导致在学习上会遇到困难。有一些孩子可能在早期的表现还没有那么明显，加上家长抓得特别紧，在尚且简单的学业程度上，家长的紧盯也许会造成一切还好的假象，但是随着学业难度的增加，和日常过度控制势必造成亲子关系的紧张，很快就会让孩子感觉在学业上的力不从心。

我们最常听到的家长抱怨就是：这个孩子不笨的呀，就是不肯上心，错的都是粗心的问题。而事实上，恰恰是粗心的问题，真的很难靠反复操练而改变。

在学校里，ADHD 的孩子上课的效率不太高，一节课 45 分钟的真正有效听课时间可能是很少的。那在层层递进的教学里，孩子能跟上节奏的成功率就不高。吸收已经不佳了，输出肯定就表现出问题。学校常规的处理方法，如果完不成课堂任务，就留下来继续，做错的题目，说明没搞懂，要搞懂后订正。然后这样的孩子就慢慢地变成了“订正专业户”。有的时候，甚至一天积累下来需要订正的作业量，都大大超过了新的作业量。越多的作业量，就越容易让孩子产生畏难情绪，甚至发展到厌学。

我们知道，家长总是特别关注孩子的学业问题，所以会从学校方感受到比较大的压力，比如孩子不交作业，或者作业大部分是错的，考试成绩总是跟不上，这些都是老师会和家长反映的事情。那么，在这个问题上，就需要老师和家长有个深入的沟通，达成共识，就是我们对这个孩子的学习要求具体是怎样的。这也是为什么我们前面提到家长要与校方提前沟通孩子的情况。

在孩子目前的状态下，老师和家长确定了对其的学习要求，这其实更能体现“因材施教”，而不是硬拖着孩子必须去完成目前达不到的程度。比如说我们可以要求孩子完成作业，暂时不强求全部做对，从错误中也能了解孩子掌握的情况，再补错漏的知识点。事实上，大部分的 ADHD 孩子，因为智力完全没有问题，有时的考试表现还不错，所以家长尤其不能接受他们的不稳定表现。其实从长远来看，孩子正在一个发育发展的过程中，具有一些发育上的不同步的问题，在这部分我们要给足耐心，等待他发育得更加成熟。而不必执着在这一时，对着孩子表现最差的那部分，拼命地下足功夫，以至于让孩子觉得自己始终就在做“自己做得最糟糕的事”。

学校的老师，不要加大作业量给 ADHD 的孩子，尤其是那种带有惩罚意味的反复抄写的作业，这对 ADHD 的孩子来说，真的是适得其反，不仅不能让他长半点记性，反而让他的情绪和状态都往更糟糕的地步发展。

如果老师还能做到用多样的方式检验孩子是否吸收了课堂教学内容，那当然是最佳的。比如下课的时候，问孩子几个关键的问题，看看孩子听懂了没有；比如允许孩子用喜欢的方式来输出对知识点的理解，像画画之类。只要学到了，就不强求作业的量和标准输出。也给孩子留出更多的时间，可以花在针对 ADHD 的训练和康复上。

说到底，如果要让孩子学有所成，那就不能把孩子往厌学的道路上赶。我们把更多能胜任的感觉和学习做连接，多给孩子鼓励，而不要让孩子觉得自己真的不是学习的料。一旦孩子自我放弃，再多外在的力量都是很难挽回的。

在社交上如何帮助ADHD孩子

ADHD 的孩子，在社交上面，往往也会面临着一些困难。因为相对来讲，他们的大脑神经发育还有点滞后，就会显得比实际年龄要幼稚一点。好比一起玩的孩子都是八岁，ADHD 的孩子也是八岁，但是心智可能只有六岁的程度，那八岁孩子默认可以掌握的一些规则和他们相处的方式，就会跟六岁的孩子不一样。所以我们有时候看到 ADHD 的孩子会更愿意跟年龄小的孩子在一起玩，就是因为大孩子的规则他还掌握不好。

正因为 ADHD 孩子的心智成熟度比较低，比较幼稚，有时候讲话做事就会缺乏分寸感，或者说缺乏技巧。比如说，他想跟别的孩子在一起玩，常会直接用手去拍那个孩子，对方孩子不理解的，以为被挑衅，有的就会逃走了；或者他拍完那个孩子就迅速跑开，让人家来追，这个就是 ADHD 孩子理解的在玩了。但是别的孩子会很难理解这种感受，觉得很奇怪，很小儿科。有些小朋友不想参与这么幼稚的游戏，或是并不能理解通过反复拍打作为邀约的方式，就会去告状了。

因此，学校老师需要理解 ADHD 孩子身上表现出来的与年龄不符的幼稚。如果经常听到其他孩子的告状，告的都是这样一些莫名其妙的事情，就不能简单地让别的孩子都不要理他，不跟他玩就好了。

因为，ADHD 的孩子被同学们孤立了以后，会越发地需要获得和同学的联结，也许会表现出更多的不恰当行为，比如拍打同学，或者追打。他们其实想表达“哎，你怎么不和我玩了”“我想和你们玩”，但同学们不但不理解，还很反感这种行为，这会导致他们加倍的疏远、不回应。这样就陷入了一个恶性循环，很有可能这个 ADHD 孩子的情绪和行为会变得更加不可收拾，越发对抗。

所以如何在社交上帮助 ADHD 的孩子，学校的老师是需要花一些功夫的。这样做的好处，不仅对这位 ADHD 的孩子有益，事实上，智慧的处理，对整个班级的学生都有益。

最好在小学一年级，老师选一个 ADHD 孩子不在班级的时候，和同学们讲这个事情。语气平常冷静，告诉大家班里有这样一位同学，他是需要帮助的。有时候如果他做不到一些事，或者总是做不好，大家就要想着照顾、帮助他。其他班级同学如果欺负他，

我们班级的同学都要一起来保护他。我们要做更加成熟的人，要帮助还不如我们成熟的人，就像我们和自己的弟弟妹妹们相处一样。如果哪个同学能够跟他一起玩的话，老师会很高兴看到这样的场景。

如果有学生来老师这里告 ADHD 孩子的状，说他做了哪些让人不喜欢的事情，就算这个孩子说得都对，老师还是要更智慧地处理这些事情。首先共情这位孩子，说："老师知道你今天可能是受到了些委屈，你没有当场打回去，没有哭闹，都是很好的表现。你来跟老师说，老师都知道了。但是这位同学的年龄比较小一点，也不如你成熟，老师也经常讲，能力更强的孩子需要帮助能力弱一点的孩子，老师知道你更加成熟，我们就让着一点，不和他计较。以后再一起玩，你像照顾自己家弟弟妹妹一样地带他玩，好不好？"

学校的老师如果能这样做的话，这个多动症的孩子在社交上面，就不会遭到全体同学排斥，这一点对孩子们的影响是很大的。对 ADHD 的孩子来说，在下课的时候可以加入到其他同学的游戏玩耍中，就算表现得并不合拍，但是同学们对他的要求也没那么高，是包容的。没有人排斥，ADHD 孩子就会认为自己是受到别人喜欢、接纳的。在一起玩的这个过程里，ADHD 孩子无形中也在学习着。而对有 ADHD 孩子的班集体来讲，这也是非常好的一种教育契机，尤其对独身子女占多数的班级，让孩子们从小了解同辈的多元化，学习如何接纳别人与自己的不同，如何帮助别人，这些都是非常难得的机会，也会促进班级凝聚力的建立。

我们最不希望看到的是，ADHD 的孩子因为受到孤立，甚至校园的霸凌，而在人格的养成上形成创伤，这可能是比 ADHD 更难修复的问题。

在成就感上如何帮助ADHD孩子?

前面几点，讲的都是在学校里对ADHD孩子的保护。事实上，我们也要看到，ADHD的孩子在智力发育上完全没有问题，所以在一个班集体里，并没有孩子愿意无形中处在一个“弱者”的位置。

家长需要利用一些机会，请老师多给孩子创造成就感，这种成就不是我们世俗层面的成就，而是一种满足感、价值感和有意义感。对一个孩子来说，也许在学业上或其他发展上总是会有些受挫，那这样的成就感就显得尤为重要，哪怕这些成就体现在非常小的事情上。

比如，班主任可以郑重其事地安排ADHD孩子负责擦黑板，这既可以让他在课间有机会动一动，又可以在同学面前感觉到自己是得到老师信任的，可以为大家服务。还有ADHD的孩子本来就有些坐不住，也可以安排一些需要去拿东西、去送东西的事情，同时注意任务不能太复杂，不要好几件事连在一起，最好就是很简单的一件事。孩子完成这件事后，老师要真诚地感谢他，或者在班级里表扬一下。

· 家长如何处理校园冲突事件

有攻击性的孩子在思考和行为方面都和没有攻击性的孩子不同，他们认为世界是一个充满敌意的地方，而且别人总是敌视他们。

ADHD 孩子容易和同学在下课时间发生冲突，对比家长要有心理准备，例如：学习如何赔礼道歉、带伤者去医院检查护理、关心伤者家庭等危机处理。

案例

老师通知家长，孩子和其他同学起冲突把对方弄伤了，需要家长到校处理问题。

□ 家长需要先和老师了解事情的状况：

1. 谁受伤、伤到哪里

2. 事情发生的时间、地点、经过，和哪些人有关系，有谁看到事情经过

3. 对方孩子的情况

□ 家长处理顺序：

1. 先道歉（xx 家长对不起，我代替我的孩子向你们道歉，该怎么做我们配合），等对方处理好回家后，带孩子上门关心和二次道歉（道歉比做功课更重要）

2. 给老师时间调查来龙去脉，再定责任

3. 问问孩子来龙去脉

如何提问：什么时间（上午还是下午、第几堂课、课上或是课间），地点（具体位置，查看有没有监控），有谁（当事人、其他谁看见），什么事（当天的事、延续的事）边听边记录。所有人都问一遍，多角度了解问题。

4. 负责：按照规定应承担的责任及赔偿；根据具体情况决定自己是否提供一定的人道主义补偿。

以上这些，确实可能会是 ADHD 孩子身上容易发生的事情，家长对此需要有所了解和准备，所谓有备无患，至少不会在事情发生的时候慌了手脚，或因为情绪冲击而使处理方式都变形。

总结

一个班级里若有 ADHD 的孩子，老师都会觉得很有挑战，但是如果我们对 ADHD 的孩子有更多深入的了解，能把其症状视为生长发育过程中的一个阶段性困难，就不会产生过多的负面情绪。

我们接触的不少 ADHD 孩子也有幸遇到了非常包容接纳又有教育智慧的老师，他们会细心地观察孩子的需要，也会创造出一些特别实用的方法。

比如 ADHD 的孩子经常在椅子上坐不住，扭来扭去，摩擦地面的声音会影响班级上课，或者让受不了这种声音的孩子难受，有的老师就会在孩子的桌椅脚下套上橡皮套，或者直接在下面铺上垫子，问题就无声地解决了。

在排座位的问题上，老师也大多数能考虑到，比如靠窗、靠走廊的座位都更容易受到外界干扰，最好不要让 ADHD 的孩子坐在这些位置上；ADHD 的孩子的同桌最好安排一位情绪比较稳定、性格温和的学生。

在孩子表现出要失去耐心和控制力的时候，按照事先老师与孩子商定的他们之间的“秘密提醒”方法，就是在不打扰其他同学的情况下，老师发出只有该孩子能明白的提示信号。有经验的老师也会喊该孩子起来回答一下问题，或者去做个什么小事情，释放一下无法控制的压力，缓解后孩子就能再次进入注意力集中的状态。

最后，老师和家长保持畅通坦诚的沟通，产生合力，支持孩子的成长，从任何层面看，都是对孩子最有效的帮助。

第5章

如何让机构助力ADHD孩子的成长

在本书前面几章，我们详细讨论了 ADHD 的孩子在家庭中、在学校内，我们如何做到对其成长更有帮助的方法。

在这个补救改善的过程中，需要家长投入最多的精力。在学校内，我们并不能说完全依赖于学校的支持，因为一般的 ADHD 孩子并不需要去特殊学校就学，就是跟随着普通的班级一起成长的。所以对老师来说，这也是一份额外的付出。家长不可能包办代替，还是需要做更多的沟通，让学校老师和家长同心协力。

对于大多数还需要完成自己本职工作的家长来说，这份对孩子额外的付出，有时也是极大的考验。不仅考验精力、耐力，也考验情绪的稳定性。如果处理不好，很容易导致亲子关系恶化，甚至夫妻关系都因生活的琐碎而一地鸡毛的情况。

在协力帮助孩子走上改善之路的途中，来自专业的帮助也是非常重要的一环。

比如说去专业的医疗机构，为孩子做正确的诊断，一些针对性的用药，必须听从专业医师的处方。家长不能擅自改变剂量和周期，或者因为一些副作用和孩子的反抗，而吃吃停停，这些操作都是有害无益的。

还有很多家长会询问，是否送孩子去看心理咨询师就能解决问题。事实上，青少年的心理咨询师处理儿童的心理问题会有比较针对性的经验，如果孩子因为 ADHD 的症状，造成了更严重的情绪问题，比如抑郁、双相情感障碍等，心理咨询师的陪伴在稳定孩子情绪、协助健康成长上都可能起到作用；或者孩子的家庭因为孩子的问题，而产生了夫妻之间的矛盾，造成很大的影响因素，那找到合适的夫妻治疗师，或者家庭治疗师，也是对情况的改善有助益的。但是心理咨询师以处理心理问题为主，对 ADHD 的孩子来说，能接受专业机构的训练，将会是更加具有针对性、更整合的治疗途径。

本章特别为家长介绍专业的机构能为ADHD孩子提供哪些训练，以及设计这些训练背后的支持理论和效果。

下面，我们通过一家专业机构提供的工作流程来全面地看一下，专业的机构是如何为ADHD孩子设计和实施训练的，对ADHD孩子的成长能起到哪些作用。

· 机构服务流程

通常是家长认为小孩有问题而带来求助，有少部分小孩会主动向家长求助。父母应该先由老师评估孩子出现的问题行为有哪些：

□ 经常开小差	□ 中断工作或学习任务	□ 无法完成学校的指定作业
□ 跟老师或成人斗嘴	□ 无法遵守校／班规	□ 人缘差
□ 容易紧张或伤心	□ 负面思考	□ 组织力差
□ 无法完成家庭作业	□ 说话不过大脑	□ 常生气、抗压能力差
□ 不会表达感受等		

· 出现以上问题行为，请家长在方框内画勾。

带小孩到儿童青少年精神科就诊，在门诊时儿童青少年精神科医生会安排一次详细的亲子会谈，医生会收集有关儿童行为问题的性质和程度等资料，也会收集有关儿童目前的情绪状态、同学关系、家庭关系和学业成绩等资料，医生也要取得有关孩子的成长史以及家庭史等，最后，医生会详细地了解家庭的精神疾病史。父母要填写评分量表，以便广泛地评估孩子各方面的功能并且精细地评估他的行为问题，让孩子配合填写自我评估问卷也相当有用。有时可以安排一些心理测验来评估孩子的智力、神经心理状态、成就和人格特征。另外，医生也会做一些身体检查，以便排除任何身体的疾病。许多孩子必须接受学校的评估，以便决定是否在学校接受随班就读。所有的专业人员应该要将他们的评估结果整合起来，找出对孩子最有帮助的建议或治疗方法。

常见的治疗方法

在处理 ADHD 儿童问题时，必须要有完整的治疗计划，通常介入的范围包括小孩、父母 / 家庭、学校、同学，偶尔甚至包括社区。

· 父母 / 家庭治疗

即使父母 / 家庭并不是引起问题的原因，有些问题还是可以从家庭中获得部分的解决。父母 / 家族治疗的重点在于帮助父母改善对小孩的管教技巧，同时父母也必须学习如何处理自己的压力。在此治疗情况下，通常治疗者会教导父母一些家庭沟通技巧、问题解决技巧和冲突化解技巧。父母也要在治疗的环境下接受训练，以便帮助孩子培养一些技巧（例如在本书中所讨论的一些技巧）。研究证实父母和家庭治疗能够有效地减少孩子的行为问题症状，并且改善亲子关系。

· 团体治疗

许多 ADHD 孩子可以从团体治疗中学习社交及问题解决技巧，这对他们大有帮助。社交技巧训练对所有年龄的孩子都会有帮助，但是问题解决训练只对心智年龄八岁以上的孩子效果明显。研究证实这类治疗可以减少孩子的攻击行为，但是对于改善 ADHD 孩子的行为却帮助不大。因此，这些团体治疗不应成为唯一的介入方式，但是可以和其他介入方法合并使用。

适合人群

· 社交问题、情绪问题、冲动、对抗、叛逆

· 特殊的学校介入方法（影子老师、陪读老师）

学校老师建议要有某些监督方案，以便学校心理咨询师 / 特教老师能够保持对 ADHD 孩子的注意。有时候必须要有一个较为特定的介入方法，例如影子老师、家长陪读等，让 ADHD 孩子能够接受差异管理。很重要的一点是父母和学校工作人员必须在考虑到孩子的最佳利益前提下，形成一个彼此合作和尊重的关系。父母应该要了解 2020 年发布的《教育部关于加强残疾儿童少年义务教育阶段随班就读工作的指导意见》，该意见旨在让 ADHD 孩子在一般教育中得到特殊教育的服务和行为修正（ 如影子老师、行为干预），以便帮助他们更好地融入学校学习。

适合人群

· 学习障碍、说话 / 语言问题、发展迟缓、焦虑 / 情感障碍、社交问题、情绪问题、对抗、叛逆

· 个别治疗

有些孩子需要接受个别治疗，特别是当这些孩子有情绪问题，或是曾被虐待、忽略、家庭冲突的情况特别严重。在这种状况下，个别治疗可以帮助

孩子解决尚未化解的情绪问题，并且获得对自己问题的觉察力。个别治疗不应成为这些孩子主要或唯一的治疗，但是可以成为所有介入方法中的一部分。合并使用药物和其他心理 / 环境的训练方法更有效。

适合人群

· 学习障碍、说话 / 语言问题、发展迟缓、焦虑 / 情感障碍、社交问题、情绪问题、学业问题、家庭关系问题

· 精神药物治疗

精神药物治疗对 ADHD 孩子比较有效，可以帮助孩子增加他们的注意力持续时间和降低他们的冲动性，70% ～ 75% 的 ADHD 孩子对精神刺激剂有良好的反应。这些药物可以有效地改善他们持续的行为、学习能力、社交活动和亲子互动。在精神刺激剂当中，利他林（Ritalin）通常是第一选择，医学界对这种药物的研究最多，而且临床已经使用好多年。最近研究显示可乐定（Clonidine）可以减少 ADHD 孩子的多动和冲动行为，不过这类研究目前尚属少数，因此在使用这类药时特别小心。三环类抗抑郁药有时候用在呈现 ADHD 或注意力问题合并有情感障碍的孩子身上。因为这类药可以同时改善注意力和情绪症状。抗抑郁药通常是用于对精神刺激剂没有反应或是有副作用的 ADHD 孩子。

合并使用药物和其他心理 / 机构介入方法已经证实比单一方法更有效。父母必须将药物治疗当作所有治疗中很重要的一部分，这方面必须请教医生的意见。根据 2016 年全国家长调查，2 ～ 5 岁年龄组的多动症儿童中有 18%

目前正在服用多动症药物，而 60% 的孩子在过去 12 个月内接受过行为治疗。尽管如此，疾病控制和预防中心 2014 年的数据显示，超过 10 000 名 2 ～ 3 岁的幼儿正在接受多动症药物治疗。权衡早期开始用药的风险很重要。6 岁以下的儿童比年龄较大的儿童更容易出现 ADHD 药物的副作用，例如心率加快、睡眠困难和食欲不振。

· 多元模式介入方法

部分家长和专业人士都同意治疗 ADHD 要采取多元模式介入，例如 3 ～ 6 岁进行感统训练、7 岁以上适合体能训练、作业治疗、能力训练、学能训练（视觉、听觉、专注力等训练）、情商训练、口才训练等，接着可继续进行幼小衔接、逻辑思维训练、写字课、国学课、心理咨询、沙盘、人树房测试、认知行为训练、应用行为分析法（简称 ABA）等。在孩子经历不同的发展阶段时，治疗通常是走一步看一步，根据孩子的进步情况而定。对于不同治疗方法到底该怎么进行，父母应该请教专业人员。

适合人群

· 学习障碍、说话、语言问题、发展迟缓、焦虑 / 情感障碍、社交问题、情绪问题、学业问题、家庭关系问题

· 机构介入方法

有些孩子的行为问题比较多元，家长需要密集和高效解决问题，无法从门诊、特殊教育和药物治疗中获得密集高效的帮助，可以考虑到专业的机构

进行专门训练和治疗。目前市场上的机构，大多都是独立经营的，大概可以分几类，一类是视觉听觉的专注力训练，这样的训练在大型的儿科医院内也会提供；另一类是感统训练为主的机构，但更偏向于学龄前儿童，上小学后的孩子就不太再愿意参加了，因为他们会觉得训练太简单了，而且效果往往也不大；还有一种就是针对学习能力的训练机构，会结合专注力、感统训练和精细活动进行训练。

我们可以看到，机构可以提供的应该是一种覆盖更全面的服务，不是简单地以改善孩子的症状为目标。从精准的评估开始，到量身定制的计划，再到全家人的共同参与和针对孩子个人的训练。

而训练的内容，则结合了学校的学习习惯、学习能力和专注力训练，在日常训练中，增加了生活自理能力的培养，同时调整孩子的认知，改善其社交能力。

父母可以选择平日课后、周末全日或全封闭训练，而且训练时间可以选择短期 3 ～ 6 个月或长期 12 ～ 16 个月以上。根据以往的案例显示进行这种训练的孩子进步很明显，离开训练中心后，必须要有一个积极的复训方案继续实施，长期坚持下来孩子的情况将得到明显的改善。

适合人群

· 学习障碍、说话、语言问题、发展迟缓、焦虑 / 情感障碍、社交问题、情绪问题、学业问题、家庭关系问题

专业机构服务流程参考

当家长通过孩子的老师或同学得到反馈，觉察到孩子可能有 ADHD 的倾向时，可以通过以下几个方面进行初步的评估：

问卷自查	儿童医院门诊，或者综合医院儿科门诊
寻找专业机构评估	

经过医院生理健康检查后，也需要配合学习能力评估了解孩子在学习上有哪些具体的困难，是单纯的多动行为和注意力问题，还是有其他合并症状？

认知力差	语言障碍	学习困难
生理健康问题	情绪障碍	社交、适应力困难
肢体不协调		

同时，需要确认孩子目前的状况是否会影响到班级纪律和同学的安全，如果答案是，就需要把这个事情放到第一位来处理。 需要寻找专业的帮助，以便找出问题核心，除了进行医疗评估，更需要针对孩在校及在家的行为进行全方位评估，这个过程可以帮助确定出孩子需要调整的方向，以及家庭中相关人员可做的相应调整。

而其中有一个家访评估的环节，非常有必要，需要家庭成员配合专业人士的观察。

评估流程包含：

电子问卷调查 （由父母填写）	家庭日常生活观察
亲子互动模式观察	学习习惯模拟
沟通表达理解力测评	学习能力测评
陌生环境适应力和解决问题能力测评	饮食习惯观察
父母亲密关系和压力观察	教师反馈
孩子自我反馈	医院评估报告

这个家访的流程，一般需要2个小时左右，由专业的评估老师至孩子日常居住的家庭中，在家长在场的情况下，进行一些互动。当评估老师观察和收集了信息后，会与家长沟通核实。经确认无误后会进行分析讨论，再设计出有针对性的训练计划。这套训练计划会包含如下内容：

家长课堂	孩子的行为规范训练
孩子的学习能力培养	全封闭或走读训练班

特别要提一下，大家看到排在最前面的“家长课堂”，是否会心生疑问？明明是针对孩子症状的训练机构，怎么还开设“家长课堂”？事实上，以我们的专业经验来看，家庭是孩子最主要的成长环境，家长的认识水平、投入度、情绪状态，都大幅度地影响着孩子的成长。所以负责任的机构，会把家长视同合作的伙伴，要达成共识、形成合力，来进行孩子的训练。所以这个“家长课堂”会包含两个部分，一个是按主题线上每周2小时的认知训练，主题主要围绕ADHD相关知识的普及及亲子关系的建立与维系。另一个是配合每周一次2小时的家庭咨询答疑，针对该周家长对孩子表现所产生的问题，会给出更具针对性的建议。为期3个月的密集训练旨在帮助家长在教育过程中不彷徨，有依靠，可以发泄情绪和解答疑惑，知道怎么做会更好，让家长越来越有信心和技巧来面对孩子的问题。

下面，我们就通过一个真实的案例来看一下，一个 ADHD 孩子在机构中的成长蜕变之路。

注：该案例经过孩子及家长授权确认，可提供给大众用于学习。为保护个人隐私，书中对孩子信息进行了适当的改变。

小之同学，来自东北的 8 岁男生，目前在一所私立小学上二年级。他去测过智商，达到 120 以上的高分。他动手能力特别强，还喜欢研究石头，会把石头磨成吊坠。他身体健康，语言表达能力强，运动神经发达。可就是这么一位看起来怎么都像“别人家的孩子”的小之，自他的幼儿园中班起，就成了个“问题学生”，每个教过他的老师都说他不守纪律，课堂上常坐不住，会莫名离开座位，还会在教室里大声喧哗、嘲笑同学、乱发脾气、目中无人、对老师也不依从。现在升入小学，老师反馈他的情况变得更严重了，比如最近他上课连课本都不愿意拿出来，提醒他也不配合，一定要老师从他抽屉里把书拿出来打开；同学有想试着帮他，却被他动手打了，他的行为已经严重影响到课堂纪律和同学的安全问题。

小之同学从幼儿园起就因为行为问题而被孤立，也没办法在学校里交到什么朋友。他自己认为是同学们对他不好，还常常有同学会对他嘲笑、骚扰。而老师也并不会帮助他，有任何与同学的冲突发生，老师总是会第一时间认为是他的错。

父母对小之同学的管教是非常严格的。比如说抄写的作业，父母要求他字写得工整漂亮、卷面要保持整洁；一般的阅读不够，要拓宽阅读面；一般的理解也不够，要有自己独到的见解。还有其他拓展，比如英语阅读理解要求会读会默写，口语要流利对答，数学计算要做到又准又快，正确率高，同时对他的生活能力也有要求，等等。

一旦孩子表现不好有惰性，妈妈会先讲道理，如果无效，爸爸就又打又骂，甚至会又踢又踹，体罚孩子，每到这个时候，妈妈又会心疼孩子，让爸爸不要惩罚。所以在辅导孩子学习的过程中，妈妈就会更多地压抑自己的情绪，尽量不发作不告状，实在憋不住了，才交给爸爸处理。

而小之同学呢，他在父母面前是很乖巧配合的，当班主任告状时，妈妈都不敢相信老师说的是事实，妈妈还怀疑是不是老师对孩子有偏见、有误会。因此，妈妈也习惯性地接到老师的投诉就替孩子解释和道歉，当孩子回家后再一口咬定孩子有错误的行为，并不给孩子解释的机会，也没有和孩子认真讨论过这些问题。渐渐的，孩子开始在学校里捣乱，他恶搞同学，不配合老师上课，孩子心里知道只要重要考试考得好，大家也不会拿他怎么样。

直到最近，老师发出了最后通牒，建议妈妈办转学，否则就需要家长陪读来保证正常的教学秩序，这才让家长意识到了孩子问题的严重性，他们找到了一家专业机构，协助了解孩子的情况。

机构首先提供的是评估服务，内容包括：

1. 入校陪读二天，观察孩子在校状态

2. 家庭咨询，了解亲子和夫妻关系

3. 观察孩子的学习情况

隔天，机构就派出了“影子老师”，对孩子进行两天的陪读，总结如下：

（注：“影子老师”是从国外的 shadow teacher 直译过来的名字，指那些具有特教背景，可以在学校内陪伴特殊需要的孩子的老师，有些学校也配备专职的影子老师，服务于全校范围内需要额外支持的学生，他们可以在放学后，或者特定的时间内，获得“影子老师”的协助，以跟上学校对学生学习、行为规范等方面的要求。）

1. 老师和孩子没有联结，学生已经被班级孤立

2. 上课时，孩子没有学习的状态，人在心不在

3. 孩子对老师的指令屏蔽、没有感觉

4. 孩子已经被老师针对，班上其他同学也有更顽皮的，但还在老师接受范围内，所以孩子从老师这里得到的反馈基本都是负面的

5. 老师让其他学生尽量不要和孩子有互动，所以下课时间同学都和孩子保持距离，除非他犯错了，会有女同学过来帮助，也有其他男同学会说你又犯错了，我要告诉老师

6. 当陪读“影子老师”与老师沟通，可以提供给全班同学一些简单的培训，教大家如何与这类的孩子相处时，老师回应说：不需要，其他同学都没有问题，就他有问题，你搞定他就好了。看起来，这起案例中的家校之间的关系是比较糟糕的

而在经过了家访的环节后，总结情况如下：

孩子回家后，阿姨准备好了点心，孩子边休息边吃点心。

妈妈回家后，孩子坐到书桌边，妈妈翻着书包检查功课是什么，一项一项拿出来，孩子就配合妈妈的指令完成功课，妈妈说语文抄写，词组每个3遍，孩子就很快完成。然后妈妈收掉已完成的作业，再把第二项作业让孩子做。孩子有点像生产线的工人，埋头完成一项项作业，妈妈负责检查，如有需要订正的，妈妈提要求孩子配合完成。背诵和默写也是一样的方式，孩子完全没有自主独立的学习习惯。爸爸回家后，会看看孩子与妈妈的配合，如果他觉得孩子做作业时状态不好或者效率低时，就会直接开骂，并踢他椅子，孩子就摔倒在地上，但也不敢表示什么，只是默默地站起来，重新坐下打起精神完成任务。妈妈和孩子似乎有种默契，都不对爸爸的行为进行反馈，只是共同默默地承受。吃饭时，也是妈妈和孩子有交流，换做爸爸安静地吃饭，没有融入话题中，像是一个各过各的家庭。

经历了学校和家庭的评估后，会约孩子到机构评估他的学习习惯和能力。发现孩子到机构对老师的方式和在家对妈妈的方式一模一样，比如作业登记本交给老师后，就等着老师安排他做作业，老师让他自己安排，他就回答不可以，必须老师安排，因为妈妈交代要配合老师工作，后来老师让他按作业顺序完成，完成后自己先检查一遍，孩子在完成作业后立马交给老师要求老师检查，说他会配合订正。

以下是机构整合多方信息得出的小之的状况。需要通过机构的协助，改善家庭互动和教育方式，并对孩子的行为进行干预和培养良好的学习习惯和人际关系技巧。

亲子互动和家庭教育方面问题：

父母要求过高，孩子感到压力大但不敢表达。

父母关系紧张，导致家庭氛围紧张，注意力都转移到孩子身上。

妈妈在学习上过度管理，让孩子没有自主性，像机器人一样。

妈妈缺乏对孩子的信任，只相信老师。

爸爸只会批评和讲道理，缺乏有效的沟通方式。

学校方面的问题：

老师已经放弃对孩子的管理，孤立他。

部分同学过度关注孩子，有机会就告状。

孩子个人方面的问题：

孩子多动冲动，缺乏忍耐和等候能力。

孩子能力强却藐视老师和同学。

只关注功课，对其他事情不在乎。

只满足父母对其学习的要求，对其他人不关心。

孩子逞强，不愿认输和道歉。

另外，附上小之同学的家庭背景介绍。

妈妈是人力资源主管，爸爸是房地产销售。妈妈负责孩子的性格培养和人格塑造，爸爸是经济支柱。在爸爸看到孩子不配合、不能达标时，会语言咒骂或体罚。妈妈表示心疼孩子的话，爸爸就认为妈妈包庇孩子，反而会更严厉管教，这样形成了恶性循环，让全家都陷入僵局。

根据以上所有关于小之同学的信息，机构设计了以下方案帮助家长和孩子进行为期 1 年的训练计划。

家长辅导：

亲子沟通培训：教导家长如何与孩子进行有效的双向沟通，倾听孩子的意见和感受，并给予合适的回应。

教养技巧培训：提供教养技巧，包括如何设立界限，让孩子学会解决问题，培养责任感和自主性。

情绪管理指导：帮助家长了解情绪管理的重要性，提供有效的情绪调节策略，以改善家庭氛围和减少压力。

孩子行为干预和发展：

行为管理计划：制订个性化的行为管理计划，帮助孩子建立积极的行为习惯，并提供激励措施和奖励系统。

社交技巧培训：教导孩子正确的社交技巧，如倾听他人、与同学友好相处、避免纷争等，以改善与同学和老师之间的关系。

学习技巧指导：提供学习技巧指导，帮助孩子培养良好的学习习惯，如制订计划、管理时间、注意力集中等。

情绪调节训练：教导孩子认识和管理自己的情绪，提供情绪调节技巧，以增强自控能力和处理冲动的能力。

兴趣培养：鼓励孩子发展多样化的兴趣爱好，提供相关资源和指导，以帮助孩子拓宽视野并增强自信心。

通过以上方案，机构可以协助家长改善亲子关系和教育方式，同时帮助孩子改善行为问题，培养积极的学习态度和良好的人际交往能力。

考虑到目前小之同学在学校的问题比较严重，建议孩子平日放学后直接到中心参与习惯养成的训练。与学校协商后，同意小之在校参加上午的课程，下午进入机构训练。

小之的训练时间，基本是 13:00—19:00。

下午训练计划	晚上训练计划
规矩训练	晚餐准备
认知训练：老师和学生的职责、权利、义务	自主做作业和检查
如何遵守规定、如何接受惩罚	帮助其他同学默写和背诵
情绪表达	模拟社交技巧
社交技巧	解决问题

此外，还针对小之的家长设计了家庭课程，包括每周一次的主题团训，每周一次 2 小时家长咨询时间，把这一周问题总结，有疑问可以提前准备，发给训练师，训练师会逐一说明解释和提供解决方法，家长就可以快速提升认知。

特殊儿童家庭必修课程“儿童激励”

课程板块	课程主题	家长的培训收获
课程培训 12 小时	常见三大根源性问题	1. 能够了解问题行为的症状、病因、分几个阶段 2. 能够了解不顺从、攻击性及高压的亲子关系会影响训练的成效
	衍生 7 个常见问题	能够使用识别工具与评估技巧

续表

课程板块	课程主题	家长的培训收获
课程培训 12 小时	情绪问题	1. 能够帮助孩子确认生气讯号的程序
		2. 能够教孩子放松训练，能够提前在孩子失控前处理问题
		3. 能够向孩子示范如何控制住生气
	学习问题	1. 能够区分孩子核心的学习问题
		2. 能够对孩子的成长发展有更加系统的认识
		3. 能够知道孩子需要什么样的帮助
		4. 能够知道如何保护孩子的天赋和面对挑战
	行为问题	1. 能够辨识孩子行为问题的背后需求是什么
		2. 能够区分行为问题的分类和级别
	受挫问题	1. 能够知道孩子的心理语言
		2. 能够识别问题和发掘根源
		3. 能够与孩子共情
	社交问题	1. 能够区分正向和负向社交
		2. 知道负向社交行为的级别
		3. 能够共情孩子感受
		4. 知道孩子需要什么样的帮助
	心理问题	1. 知道如何评估孩子的心理语言
		2. 能够了解负面心理对话的影响力

续表

课程板块	课程主题	家长的培训收获	
课程培训 12 小时	心理问题	3. 能够共情孩子的感受	
		4. 能够知道孩子在什么样的困难中	
	自我管理问题	1. 知道如何评估孩子的自我管理能力	
		2. 能够区分问题的级别	
		3. 能够共情孩子的感受	
		4. 知道孩子需要什么样的帮助	
课程培训 16 小时	自我管理	帮助孩子学习顺从	定义孩子的不顺从
			评估孩子响应父母发出命令、警告的能力
	心理 & 行为问题	帮助孩子学习遵守规定	能够定义孩子的遵守规定问题
			父母能够自我评估对孩子说明和执行规定的成效
			父母能够做好每日行为约定
			父母能够想出更多适合孩子的活动项目
	社交问题	孩子的社交行为技巧	能够说明社交技巧对孩子的重要性
			能够帮助父母学习找出孩子的正向和负向社交行为
			能够练习新的社交行为技巧
			能够协助孩子学习拒绝同学施压的技巧

续表

课程板块	课程主题		家长的培训收获
课程培训16小时	易受挫问题	解决问题技巧	能够定义孩子的冲动性和问题解决技巧不足 能够训练孩子问题解决技巧的所有步骤
	易受挫问题	解决问题技巧	能够运用社交问题解决技巧来调停孩子跟同学或手足之间的冲突 能够示范如何让孩子练习问题解决技巧
	学习问题	孩子管理自己学业的行为	改善父母指导孩子学习的模式
			能够帮助孩子在组织化和时间管理方面做得更好
			能够训练孩子持续进行学习工作
	情绪 & 心理问题	孩子情绪健康及自尊	能够认识情绪相关词汇 能够示范说明如何跟孩子对话才能帮助孩子表达感觉和问题 能够帮助孩子改变负面想法 能够和孩子一起努力改变负面想法
	处理生气的能力	处理生气的能力	能够教孩子放松训练
			能够提前在孩子失控前处理问题
			能够和孩子示范如何控制生气
	结营仪式		结业考核 & 成果展示

大运动训练：

吊单杆	家长扶着孩子的下半身，让孩子双手拉单杆，一步一步移动双手，训练孩子手部力量，建立与父母或老师朋友的信任和默契
爬楼梯	上下爬楼梯，对孩子的手眼协调有帮助，尤其是走路容易跌倒的孩子。通过对楼梯的熟悉，上下梯，了解视觉和距离的关系，实现从慢速到加速的过程
蜈蚣爬	针对触觉敏感、怕脏怕痛的孩子特别有帮助。双手接触地面感受地气，支撑自己的身体来回爬行，训练身体的协调和反应力

肢体训练：

□ 靠墙静蹲	□ 靠墙双手支撑

行为认知训练：

□ 态度训练	□ 专注力训练
□ 社交	

学校行为规范：

□ 学校规则	□ 上课模式
□ 下课模式	□ 冲突管理
□ 危机处理	□ 社交技巧
□ 解决问题	

行为认知训练：

□ 老师投诉家长该如何应对
□ 同学家长投诉时该如何应对
□ 孩子投诉老师时该如何应对
□ 和老师商量如何为孩子设计个性化学习方案
□ 学会观察孩子的行为模式

效果反馈：

小之同学在新的学校重新开始学业，他慢慢学会去适合环境、自我管理，学会交友，并会提前告诉老师他的困惑。

而家长则降低了对孩子的学习要求，给他更多的选择空间，避免过度代劳，也愿意增加他运动和放松交友的时间。同时父母也重新调整了关系，孩子不再紧张害怕，能更好地融入家庭和学习环境。

现在小之同学已经是班上前 3 名的学习代表，新学校对他非常包容和照顾，而他也可以顺利地进入中学。

小之同学的家庭和机构咨询师保持了长期的有效合作，家长每年会带孩子回来交流，咨询师会在不同的阶段给予孩子不同的支持，而父母之间也越来越有默契。小之同学最新的动态是，正在备考雅思，准备申请新加坡的高中。

结语

这是一本给家有难管难教孩子的家长读的书。

也许“难管难教”这个形容词，让很多家长已经感觉到了压力重重。事实上，我们要在最后特别为ADHD的孩子们说些话。ADHD难道就为孩子们打上了失败的烙印？并不是如此！我们也知道那些伴随终生的ADHD症状，到了成年后，成为这个人的特色。他们往往是打破常规的那类人，而且敢说敢做，英勇无畏。他们也许会在一些规则统一的事情上做得不达标准，但是他们也可以成为建立标准的人。

有位ADHD的先生，成年后成为飞行公司的老板，他说：“我在生活中很难做好那些日常简单的事情，但我却更容易管理20架飞机的舰队。我虽然需额外付出很多在家政服务上，但我挣的远远超出那部分。”

我们作为家长，更加要健康积极地理解ADHD的孩子们，他们有自己独特的地方，适当地为他们创造更适合自己的环境，就能激发出他们的潜力。

最后，希望此书能成为您陪伴ADHD孩子成长过程中的助手，也诚挚地邀请您与我们分享您的读后感想和与ADHD孩子相处中获得的宝贵经验。

参考文献

□ Joseph Biederman, Michael C.Monuteaux, Eric Mick, et al.Psychopathology in females with attention-deficit/hyperactivity disorder: a controlled, five-year prospective study[J]. Biol Psychiatry，2006.DOI：10.1016/j.biopsych.2006.02.031

□ Melissa L.Danielson ,Rebecca H.Bitsko ,Reem M.Ghandour ,et al.Prevalence of parent-reported ADHD diagnosis and associated treatment among U.S. children and adolescents[J]. Journal of Clinical Child & Adolescent Psychology，2018,47(2):199-212.

□ Rex Forehand,Justin Parent, Edmund Sonuga-Barke，et al.Which type of parent training works best for preschoolers with comorbid ADHD and ODD? A secondary analysis of a randomized controlled trial comparing generic and specialized programs[J].Journal of abnormal child psycholo gy,2016,44(8):1503-1513.

□ Laurence Greenhill,Scott Kollins,Howard Abikoff,et al.Efficacy and Safety of Immediate-Release Methylphenidate Treatment for Preschoolers with ADHD[J].Journal of the American Academy of Child &Adolescent Psychiatry, 2006,45(II):1284-1293.

□ Hallie R. Brown, Elizabeth A.Harvey.Psychometric Properties of ADHD Symptoms in Toddlers[J].Journal of Clinical Child & Adolescent Psychology,2019,48(3):423-439.

□ Patricia O Quinn. Manisha Madhoo,A Review of Attention-Deficit/Hyperactivity Disorder in Women and Girls[J].The Primary Care Companion to The Journal of Clinical,2014.DOI 10.4088/PCC.13r01596.

□ Julia J.Rucklidge.Gender differences in attention-deficit/ hyperactivity disorder[J].Psychiatric Clinics of North America,2010.

□ 洪俪瑜 .ADHD 学生的教育与辅导 [M]. 台北：心理出版社 .

□ 涛哥聊多动 ADHD 链接：https://zhuanlan.zhihu.com/p/595401267

□ 中华医学会儿科学分会发育行为学组 . 注意缺陷多动障碍早期识别、规范诊断和治疗的儿科专家共识 [J]. 中华儿科杂志 ,2020,58(03):188-193.

□ 郑毅主编 . 中国注意缺陷多动障碍防治指南 (第二版)[M]. 北京：中华医学电子音像出版社，2015.

□ https : //www.cdc.gov/ncbddd/adhd/features/adhd-awareness.html

□ https://www.nimh.nih.gov/health/topics/attention-deficit-hyperactivity-disorder-adhd/index.shtml

□ https://www.kennedykrieger.org/stories/Is-it-adhd-or-typical-toddler-behavior-ten-early-signs-adhd-risk-preschool-age-children

□ https://blog.cincinnatichildrens.org/healthy-living/child-development-and-behavior/9-questions-suspect-preschooler-adhd